Guía Visual de Microsoft Office 2007

W9-CHS-682

Manuela Peña Alonso

GUIAS VISUALES

RESPONSABLE EDITORIAL:
Victor Manuel Ruiz Calderón
Susana Krahe Pérez-Rubín

ILUSTRACIÓN DE CUBIERTA:
Pattodis diseño e imagen S.L.U.

REALIZACIÓN DE CUBIERTA:
Cecilia Poza Melero

Primera edición, enero 2007
Primera reimpresión, marzo 2007

Todos los nombres propios de programas, sistemas operativos, equipos hardware, etc. que aparecen en este libro son marcas registradas de sus respectivas compañías u organizaciones.

Edición española:
© EDICIONES ANAYA MULTIMEDIA (Grupo Anaya, S.A.), 2007
    Juan Ignacio Luca de Tena, 15. 28027 Madrid
    Depósito legal: M. 12.522-2007
    ISBN: 978-84-415-2143-8
    Printed in Spain
    Imprime: Peñalara, S.A.
    Fuenlabrada (Madrid)

Microsoft Office es sin duda el paquete de aplicaciones para usuarios domésticos y de oficina más conocido en todo el mundo. Con esta nueva versión que sale al mercado, llamada Microsoft Office 2007, se sustituye la versión Office 2003 y se introducen importantes mejoras, principalmente en todo lo relacionado con la Interfaz de las aplicaciones. Esta nueva versión facilita las comunicaciones entre los programas de Microsoft Office y las aplicaciones desarrolladas por otras compañías y permite a los usuarios adaptarse a los siempre cambiantes procesos de intercambio información.

Es prácticamente imposible enumerar todas las novedades y características que ofrece este paquete de aplicaciones; sin duda este libro le ayudará a descubrir y a utilizar muchas de ellas. Gracias a su diseño, basado en descripciones y procedimientos paso a paso claros y sencillos, y apoyados en todo momento por ilustrativas imágenes, podrá iniciarse en el manejo de este conocido paquete de aplicaciones para oficina.

El libro se divide en nueve capítulos, centrándose cada uno de ellos en un programa concreto de Office 2007, excepto el último, en el que veremos las aplicaciones, herramientas y características que son comunes a todos, o a una parte importante de ellos, desde el trabajo con imágenes, hasta el intercambio de información e Internet, pasando por el control de errores y la compatibilidad con XML.

En el primer capítulo, "Aspectos generales de Microsoft Office 2007", estudiaremos cómo instalar y mantener Office 2007, estudiaremos los elementos comunes de las ventanas de las aplicaciones y veremos cómo ha cambiado la Interfaz.

En el capítulo segundo, "Microsoft Office Word", conoceremos los elementos que componen la ventana de la aplicación, aprenderemos a escribir texto, a aplicar formato a las fuentes y a los párrafos, a cambiar la apariencia del documento, a insertar notas y números a pie de página y a introducir imágenes en nuestros documentos de texto. Veremos cómo utilizar las diversas vistas que facilitan las tareas de revisión y lectura en pantalla.

En el tercer capítulo, "Microsoft Office Excel", estudiaremos cómo trabajar con esta aplicación de hojas de cálculo. En él aprenderemos a crear un libro, a introducir datos, a generar gráficas de distintos diseños y formatos a partir de los datos introducidos en la tabla y a trabajar con funciones. Y todo ello sin olvidarnos del formato de nuestras hojas de cálculo y las herramientas de conversión al Euro.

En el capítulo cuarto, "Microsoft Office Outlook", nos adentraremos en esta aplicación de correo electrónico que nos permite además programar nuestra agenda gracias a las funciones de calendario y convocatoria de reuniones. Aprenderemos a escribir, enviar, recibir y leer mensajes, a personalizar el correo, a organizar nuestros mensajes por conversaciones, a establecer marcas de seguimiento que nos permitirán encontrar rápidamente determinado mensaje o información, y a utilizar el filtro de correo no deseado que contribuye a protegernos del *spam* o correo basura.

En el quinto capítulo, "Microsoft Office Access", aprenderemos a utilizar esta aplicación de creación y gestión de bases de datos. Veremos que resulta de gran utilidad a la hora de almacenar determinado tipo de información y que permite acceder a determinados datos de forma precisa. Estudiaremos cómo crear tablas de datos, a desplazarnos por ella, a buscar datos, a crear consultas, formularios e informes. Por último, conoceremos las funciones de seguridad y comprobación de errores que incluye Access.

El capítulo sexto, "Microsoft Office Publisher", está dedicado a esta interesante aplicación que nos permite crear publicaciones para nuestro uso personal o profesional. Esta herramienta nos ayuda a diseñar calendarios, tarjetas de visita, de cumpleaños, de invitación, etc., a preparar libros para imprenta, catálogos y anuncios de periódico. En fin, prácticamente cualquier documento que se pueda imprimir en papel (en nuestro domicilio o en una imprenta) y que esté destinado a tener una apariencia de impresión profesional.

En el capítulo séptimo, "Microsoft Office PowerPoint", veremos cómo crear atractivas presentaciones sacándole el máximo provecho a todos los recursos de esta aplicación, introduciendo imágenes, texto e incluso archivos de audio y comentarios en nuestras diapositivas. Por último, aprenderemos a definir el *tempo* de nuestras presentaciones mediante el establecimiento de transiciones e intervalos, conoceremos cómo se puede utilizar esta aplicación para crear nuestros propios álbumes de fotografías digitales y sabremos cómo empaquetar en CD-ROM nuestras presentaciones para verlas en otros equipos, aunque no tengan PowerPoint instalado.

En el capítulo octavo, estudiaremos brevemente Microsoft Office InfoPath. Esta aplicación, diseñada para agilizar el proceso de recopilación y administración de información, permite realizar tres tareas principales: crear formularios dinámicos, rellenarlos y enviarlos a sistemas compatibles con XML. Constituye un método muy eficaz a la hora de recopilar información y ponerla a disposición de todos los usuarios de una organización.

En el último capítulo, dedicado a las características y utilidades comunes a una gran parte de las aplicaciones de Office, aprenderemos a utilizar herramientas de dibujo, a insertar autoformas, organigramas, a crear textos de atractivo diseño mediante WordArt y a utilizar la galería multimedia de Office. Conoceremos también la compatibilidad con el formato XML y aprenderemos a crear, exportar y manejar documentos y datos en formato XML en Word y Excel. Veremos cómo funciona el trabajo en colaboración y aprenderemos a establecer permisos de lectura y edición para nuestros documentos a través de *Information Rights Management* (IRM). Por último, conoceremos las relaciones entre Office e Internet y echaremos un vistazo al interesante sitio Web de Microsoft Office.

Es mi intención con este libro que sirva a los lectores para adentrarse en las principales funciones y aplicaciones que proporciona este fantástico conjunto de programas para la oficina. Me gustaría que encontraran en él una ayuda para alcanzar sus objetivos, ya sean profesionales o personales. Con este deseo, pasemos a descubrir la multitud de funciones que nos ofrece Office 2007.

Capítulo 1
Aspectos generales
de Microsoft
Office 2007

Instalar Microsoft Office 2007

La instalación de Office 2007 no reviste ninguna dificultad. En caso de instalar Office a partir de una versión en disco:

1. Insertar el disco en la unidad correspondiente. Si el sistema tiene activado el modo de arranque automático, el proceso de instalación se iniciará de forma automática. En caso contrario, se puede utilizar el Explorador de Windows para ejecutar el archivo de instalación que se encuentra en el directorio raíz del disco.

2. Aparecerá el asistente para la instalación. Seguir los pasos de este asistente, que pedirá, entre otros, los siguientes datos:

- El nombre de usuario y la clave del producto.

- Leer y aceptar el contrato de licencia para usuarios finales.

- Elegir el tipo de instalación de Office.

3. Un cuadro de diálogo informará del fin de la instalación.

Una vez instalado Office, se pueden agregar o quitar componentes, volver a instalarlos o desinstalar complemente el conjunto de aplicaciones desde la ventana Desinstalar o cambiar este programa.

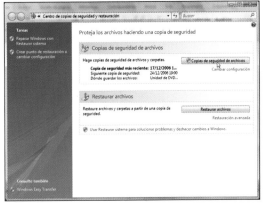

Guardar o restaurar la configuración de Microsoft Office

Los usuarios de Office pueden guardar la configuración elegida en un archivo para recuperarla posteriormente en cualquier momento.

1. Cerrar todas las aplicaciones de Office abiertas.

2. Seleccionar Todos los programas> Mantenimiento>Centro de copias de seguridad y restauración del botón **Iniciar** .

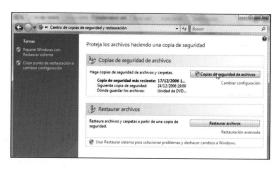

3. Elegir entre guardar la configuración, haciendo clic en **Copias de seguridad de archivos**, o restaurar una configuración guardada anteriormente, haciendo clic en **Restaurar archivos**.

4. Hacer clic en **Continuar** en el cuadro Control de cuentas de usuario.

5. Seleccionar la unidad de copia y seguir las instrucciones del asistente.

¿Dónde están las barras de herramientas?

En Office 2007, los menús y las barras de herramientas de algunos programas se han sustituido por la cinta de opciones, que está diseñada para ayudar a encontrar fácilmente los comandos necesarios para ejecutar una tarea. Los comandos se organizan en grupos, que se reúnen en fichas. Cada ficha tiene relación con una determinada tarea (como escribir o diseñar una página). Para

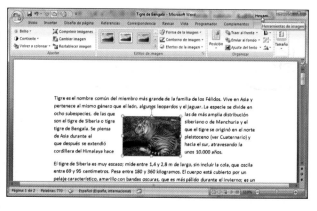

reducir la confusión, algunas fichas sólo se muestran cuando es necesario. Por ejemplo, la ficha Herramientas de imagen sólo se muestra cuando selecciona una imagen.

Ventana de la aplicación

Las aplicaciones Office tienen sus propias ventanas (excepto algunas aplicaciones compartidas, como WordArt, que trabajan directamente en la ventana de otra aplicación).

- La barra de título muestra el icono del tipo de aplicación, el nombre de la misma y los botones **Minimizar** (🔳), **Maximizar** (🔲) o **Restaurar** (🗗) y **Cerrar** (❌).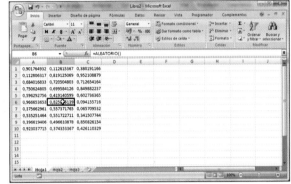
- En la barra de tareas de Windows, aparece un botón de la aplicación abierta y minimizada.
- Cada archivo abierto suele tener una ventana de trabajo propia y un botón en la barra de tareas.
- La ventana cuenta con un área de trabajo y otras zonas utilizadas para elementos tales como las fichas, los grupos, la barra de acceso rápido, etc.

Cinta de opciones

Algunas aplicaciones de Office utilizan la cinta de opciones en lugar de la barra de menús. Dichas aplicaciones son Access 2007, Excel 2007, PowerPoint 2007, Word 2007, Outlook 2007 (en elementos abiertos como Correo, Contactos y Citas). Publisher, por ejemplo, sigue ofreciendo la típica barra de menús situada en la parte superior de la ventana.

- Desde la cinta de opciones y menús se puede acceder a los comandos del programa.
- Para desplegar un menú, hacer clic con el ratón sobre su título. Para abrir una ficha, hacer clic sobre ella.
- Para abrir otras fichas, seleccionar un objeto o elemento y hacer clic en la ficha correspondiente  (por ejemplo Herramientas de imagen, si se selecciona una imagen.)
- Las entradas de color gris son opciones no disponibles.
- Si una opción tiene asociado un botón o una combinación de teclado, aparecerá indicado al colocar el puntero del ratón sobre él.

Menús contextuales

Los menús contextuales son menús asociados a un elemento mostrado en pantalla y ofrecen opciones concretas para dicho elemento.

Para abrir un menú contextual:

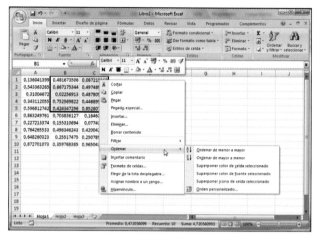

1. Seleccionar un conjunto de elementos dentro del área de trabajo, como por ejemplo varios párrafos en un documento de Word o varias celdas en un documento de Excel.

O bien:

1. Situar el puntero del ratón sobre una zona concreta de la ventana.

2. Hacer clic con el botón derecho del ratón. Aparecerá un menú emergente desde la posición en la que se encuentre el puntero.

Barra de estado

Las aplicaciones de Office incluyen una barra de estado en la parte inferior. Esta barra puede ofrecer información del siguiente tipo:

- La acción que se encuentra actualmente en curso dentro de la aplicación.

- Datos concretos del archivo abierto, en función del tipo de programa.

- Botones de estado acerca de elementos tales como la corrección ortográfica, el idioma, etc.

- Para personalizar la barra de estado, hacer clic con el botón derecho del ratón sobre ella y seleccionar la opción deseada.

Fichas y barra de herramientas de acceso rápido

Una ficha es un conjunto de grupos y comandos, agrupados según su propósito, que facilitan el acceso a funciones y herramientas de uso frecuente. Los comandos de uso más frecuente se encuentran en la ficha Inicio, recogidas en los grupos Portapapeles, Fuente, Párrafo, Estilos y Edición. Asimismo, Microsoft Office 2007 ofrece una Barra de herramientas de acceso rápido, que se puede personalizar y que contiene un conjunto de comandos independientes de la ficha que se está mostrando. Esta barra de acceso rápido se encuentra encima de la cinta de opciones. Para cambiar la ubicación de la Barra de herramientas de acceso rápido:

1. Hacer clic en la flecha **Personalizar barra de herramientas de acceso rápido** (⬇).
2. Seleccionar Mostrar debajo de la cinta de opciones.
3. Para devolver la barra de herramientas a su ubicación original, repetir la operación pero, esta vez, seleccionar Mostrar encima de la cinta de opciones.

Para agregar un elemento a la Barra de herramientas de acceso rápido:

1. Hacer clic en la flecha **Personalizar barra de herramientas de acceso rápido** (⬇).
2. Seleccionar la opción deseada.

Deshacer, Rehacer

La opción **Deshacer** (↩) permite anular la última acción efectuada mientras se trabajaba en un archivo. La opción **Rehacer** (↪) vuelve a aplicar una acción deshecha anteriormente. Para deshacer una o más acciones:

1. Hacer clic inmediatamente en el botón **Deshacer** de la barra de herramientas de acceso rápido o pulsar **Control-Z**.

Para rehacer una o varias acciones:

1. Hacer clic en **Rehacer** (↪) de la barra de herramientas de acceso rápido o pulsar **Control-Y**.

 No todas las acciones pueden rehacerse. En algunas ocasiones puede no haber vuelta atrás. En tales casos, suele advertirlo un cuadro de diálogo.

Métodos abreviados

Crear un archivo suele conllevar la introducción de información con el teclado. En tales casos, ejecutar una acción con una combinación del teclado suele ser más rápido que utilizar el ratón.

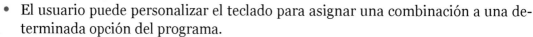

- Las teclas utilizadas suelen ser las teclas de función y combinaciones de **Control**, **Alt** o **Mayús** con otras teclas.
- Algunas combinaciones suelen ser comunes a todas las aplicaciones de Office e incluso de Windows, como Copiar (**Control-C**), Cortar (**Control-X**) y Pegar (**Control-V**).
- El usuario puede personalizar el teclado para asignar una combinación a una determinada opción del programa.

Cuadros de diálogo

Un cuadro de diálogo es una ventana en la que se reúne un conjunto de controles para la introducción de datos o la elección de opciones.

- Para abrir un cuadro de diálogo, hacer clic en el iniciador de cuadro de diálogo (⬚) que se encuentra en algunos grupos de fichas.
- Un cuadro de diálogo puede estar constituido por varias fichas en las que se clasifica su información. Para ver su contenido, hacer clic sobre la etiqueta de una ficha.
- Para cambiar la posición de un cuadro de diálogo, arrastrar su barra de título.
- El tamaño de algunos cuadros de diálogo puede variarse arrastrando sus bordes.
- Una vez configuradas las opciones disponibles en un cuadro de diálogo, hacer clic en el botón **Aceptar** para aceptar los cambios o en el botón **Cancelar** para cerrar el cuadro sin aplicar los cambios.

Barra de herramientas de acceso rápido

Tal como hemos indicado, la barra de herramientas de acceso rápido se puede personalizar para incluir los comandos deseados con el fin de ayudar a ejecutar rápidamente una tarea común. Para agregar un comando a la barra de herramientas:

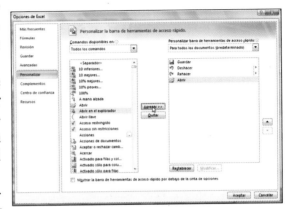

1. Hacer clic en la flecha **Personalizar barra de herramientas** (☰) de acceso rápido y seleccionar una acción de la lista.
2. Para personalizar aún más la barra de herramientas de acceso rápido, hacer clic en la opción Más comandos y seleccionar Todos los comandos de la lista Comandos disponibles en del cuadro de diálogo Opciones.
3. Buscar el comando deseado en la lista de la parte izquierda del cuadro y hacer clic en **Agregar** para añadirlo a la barra de herramientas de acceso rápido.
4. Para eliminar un comando de la barra de herramientas de acceso rápido, seleccionar el comando de la lista de la parte derecha del cuadro y hacer clic en **Quitar**.
5. Para ordenar los comandos en la barra de herramientas de acceso rápido, seleccionar un comando en la lista derecha del cuadro y hacer clic en el botón **Subir** (▲) o en el botón **Bajar** (▼) que se encuentra a la derecha del cuadro.
6. Para restablecer la barra de herramientas de acceso rápido a su configuración inicial, hacer clic en el botón **Restablecer**.

Botón de Office

En las aplicaciones de Word, Excel, PowerPoint, Access y Outlook (en las ventanas de redacción y lectura) de Office 2007 se incluye el **Botón de Office** (⊕), que reemplaza el menú **Archivo** y se encuentra en la esquina superior izquierda de la ventana.

- Se encuentran los mismos comandos básicos disponibles en versiones anteriores de Office para abrir, guardar e imprimir el archivo.
- En la versión Office 2007, hay disponibles más comandos, como Finalizar y Publicar.
- El **Botón de Office** en Outlook 2007, se abrirá al leer o crear un mensaje, una tarea, un contacto o un elemento del calendario.

Etiquetas inteligentes

En Word y Excel, una etiqueta inteligente es un dato cuyo formato reconoce el programa y ante el que se pueden realizar una serie de opciones adicionales. Para manejar las etiquetas inteligentes de Word y Excel:

1. Hacer clic en el **Botón de Office** ( ) y, posteriormente, en el botón **Opciones de [Word o Excel]**.
2. Seleccionar Revisión y hacer clic en el botón **Opciones de Autocorrección** en la sección Opciones de Autocorrección del cuadro de diálogo.
3. Configurar las opciones de esta ficha y hacer clic en **Aceptar**.

Las etiquetas inteligentes son botones que aparecen en el área de trabajo y ofrecen opciones acerca de una acción que se acaba de realizar. Por citar dos etiquetas habituales:

- **Opciones de pegado** ( ): Ofrece varias opciones acerca del formato al pegar.
- **Opciones de Autocorrección** ( ): Tras realizar una corrección automática, este botón ofrece varias posibilidades.

Paneles de tareas

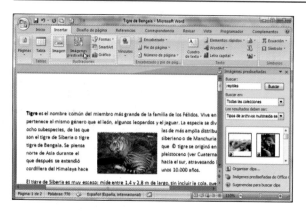

Los paneles de tareas, generalmente anclados en un lateral de la ventana de la aplicación, muestran una serie de opciones a las que se puede acceder más fácilmente. En Office 2007, dichos paneles de tareas se abren automáticamente al hacer clic en un botón iniciador de panel de tareas ( ), o al hacer clic en determinados comandos.

1. Para abrir los paneles de tareas, hacer clic en un botón iniciador de panel de tareas (como el iniciador del panel de tareas del grupo Portapapeles en la ficha Inicio) o en un comando que abra un panel de tareas (como en el botón **Imágenes prediseñadas** del grupo Ilustraciones de la ficha Insertar).
2. Para cerrar los paneles de tareas, hacer clic su botón **Cerrar** ( ) o hacer clic en la flecha desplegable ( ) y seleccionar Cerrar.

Ayuda de Microsoft Online

El diseño de la Ayuda en pantalla de Microsoft Office 2007 es totalmente nuevo y dicho diseño no incluye al Ayudante de Office, aunque ahora se incluyen diversos recursos para encontrar ayuda a través de ventanas por las que el desplazamiento es muy similar al desplazamiento de un explorador Web, pero incluyendo algunas funciones adicionales. Para buscar ayuda de Microsoft Online en las aplicaciones Access, Excel, PowerPoint, o Word de Microsoft Online:

1. Hacer clic en el botón **Ayuda de Microsoft Office [Nombre del programa]** (☺) que se encuentra en la esquina superior de la ventana de Access, Excel, PowerPoint o Word, o pulsar **F1**.

2. En la ventana **Ayuda de [Nombre del programa]**, hacer clic en la lista desplegable de **Buscar** (🔎 Buscar ▾) y seleccionar una opción de Contenido de Office Online.

3. Escribir las palabras de la búsqueda en el cuadro Escriba aquí las palabras que desee buscar y hacer clic en el botón **Buscar**.

Para buscar ayuda de Microsoft Online en las aplicaciones InfoPath, OneNote, Outlook, Project, Publisher, SharePoint Designer o Visio:

1. Seleccionar Ayuda de Microsoft Office [Nombre del programa] del menú Ayuda, o pulsar **F1**.

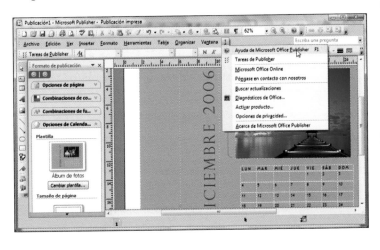

2. En la ventana **Ayuda de [Nombre del programa]**, hacer clic en la lista desplegable de **Buscar** y seleccionar una opción de Contenido de Office Online.

3. Escribir las palabras de la búsqueda en el cuadro Escriba aquí las palabras que desee buscar y hacer clic en el botón **Buscar**.

Ayuda sin conexión

Si el equipo no está conectado a Internet y se necesita ayuda, se puede buscar en los archivos locales y ver los resultados de la búsqueda. Cuando se utiliza este tipo de ayuda, la información adicional en línea no se encuentra disponible y en la esquina inferior derecha de la ventana aparece el icono (Sin conexión).

Para utilizar la Ayuda sin conexión:

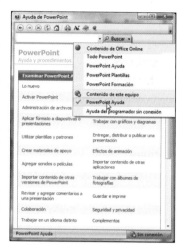

1. Hacer clic en el botón **Ayuda de [Nombre del programa]** ( ) que se encuentra en la esquina superior derecha de la ventana de Access, Excel, PowerPoint o Word, o pulsar **F1**.

2. En la ventana **Ayuda de [Nombre del programa]**, hacer clic en la lista desplegable de **Buscar** (Buscar) y seleccionar una opción de Contenido de este equipo.

3. Escribir las palabras de la búsqueda en el cuadro Escriba aquí las palabras que desee buscar y hacer clic en el botón **Buscar**.

Alternar entre la Ayuda de Microsoft Online y la Ayuda sin conexión

En la esquina inferior derecha de la ventana Ayuda se encuentra el menú Estado de conexión indicando si se está utilizando la Ayuda de Office Online o la Ayuda sin conexión.

- Para ver la Ayuda de Microsoft Office Online desde la Ayuda sin conexión, seleccionar la opción Mostrar contenido de Office Online en el menú Estado de conexión.

- Para ver la Ayuda sin conexión desde la Ayuda de Microsoft Office Online, seleccionar la opción Mostrar contenido únicamente desde este equipo del menú Estado de conexión.

Esta configuración se mantiene al cerrar la ventana de Ayuda. La próxima vez que se abra, dicha ventana, aparecerá el estado con conexión o sin conexión configurado anteriormente.

Buscar actualizaciones y plantillas

Se puede buscar una actualización de programa o una plantilla en Microsoft Office Online para su posterior descarga. Al descargar una plantilla, se puede guardar en el equipo para su posterior uso. Para buscar actualizaciones o plantillas en Microsoft Office Online:

1. Hacer clic en el botón **Ayuda de [Nombre del programa]** (⊙) que se encuentra en la esquina superior derecha de la ventana de Access, Excel, PowerPoint o Word, o pulsar **F1**
2. En la ventana **Ayuda de [Nombre del programa]**, hacer clic en el vínculo Descargas o en el vínculo Plantillas.
3. Buscar la actualización o la plantilla en la página de inicio de Microsoft Office.
4. Descargar la actualización o la plantilla en el equipo y actualizar éste o guardar la plantilla para su posterior uso.

Buscar cursos de formación

Se puede buscar un curso de formación en Microsoft Office Online para aprender a trabajar con un programa determinado:

1. Hacer clic en el botón **Ayuda de [Nombre del programa]** ⊙ que se encuentra en la esquina superior derecha de la ventana de Access, Excel, PowerPoint o Word, o pulsar **F1**.
2. En la ventana **Ayuda de [Nombre del programa]**, hacer clic en el vínculo Formación.
3. En la página que se abre, escribir una palabra sobre el curso buscado en el cuadro Formación y hacer clic en el botón **Buscar**.
4. Seleccionar el curso haciendo clic sobre su vínculo.

Manejar la ventana de Ayuda

Existen dos métodos para utilizar el panel de tareas Ayuda:

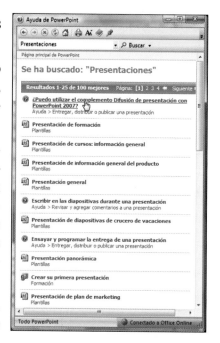

- Introducir el texto de la búsqueda en el cuadro Escriba aquí las palabras que desee buscar y, tras hacer clic en el botón **Buscar** (<kbd>🔍 Buscar ▾</kbd>), seleccionar uno de los temas de ayuda sugeridos.

- Utilizar la Tabla de contenido, que se abre al hacer clic en el botón **Mostrar tabla de contenido** (📖) de la parte superior de la ventana, para hacer clic sobre el tema deseado de la lista de temas propuestos. (El botón **Mostrar tabla de contenido** se convierte en **Ocultar tabla de contenido** (📖), cuando se abre la Tabla de contenido.)

En la barra de herramientas de la ventana de Ayuda, aparte del botón **Mostrar tabla de contenido**, se encuentran los siguientes botones:

Icono	Nombre	Utilizar para:
⬅	Atrás	Desplazar hacia atrás.
➡	Adelante	Desplazar hacia delante.
✖	Detener	Detener la búsqueda.
🔄	Actualizar la búsqueda.	Actualizar la búsqueda.
🏠	Inicio	Volver a la página de inicio.
🖨	Imprimir	Imprimir el tema de ayuda en la impresora.
A̶A̶	Cambiar el tamaño de fuente	Aumentar o disminuir el tamaño de la fuente del tema de ayuda.
📌	Mantener visible y No visible	Alternar entre mantener visible o no el tema de ayuda.

Cuadro Escriba aquí las palabras que desee buscar

Office 2007 ha cambiado el cuadro **Escriba una pregunta** por el cuadro **Escriba aquí las palabras que desee buscar** al que se accede haciendo clic en el botón **Ayuda de [Nombre del programa]**.
Para obtener ayuda sobre un tema determinado:

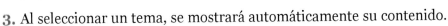

1. Escribir una pregunta o una breve descripción del problema en el cuadro Escriba aquí las palabras que desee buscar y pulsar **Intro**.

O bien:

1. Hacer clic en la flecha **Atrás** (⊙) para seleccionar una duda consultada anteriormente.

2. Hacer clic sobre cualquiera de los temas encontrados en relación a dicha duda.

3. Al seleccionar un tema, se mostrará automáticamente su contenido.

Para abrir rápidamente la ventana de Ayuda, pulse **F1** en lugar de hacer clic en el botón Ayuda (⊙).

Ayuda contextual de cuadros de diálogo

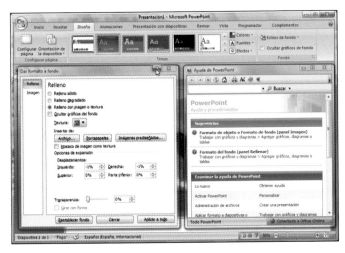

Se puede obtener ayuda específica relacionada con un cuadro de diálogo; para ello:

1. Hacer clic en el icono **Ayuda** (⊙) que aparece en la esquina superior derecha del cuadro de diálogo.

2. Seleccionar la opción o tema sobre el que se desee obtener ayuda.

Abrir un documento

Para abrir un documento de Microsoft Office:

1. Hacer clic en el botón **Iniciar** (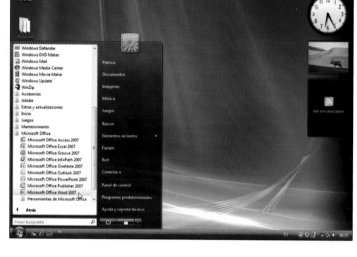) de Windows y seleccionar Todos los programas>Microsoft Office> [Nombre del programa].

2. Hacer clic en el **Botón de Office** (🔵) y seleccionar Abrir.

   - Para ver el contenido de una carpeta, buscar la carpeta en el cuadro de diálogo Abrir y hacer doble clic sobre su icono en la lista.

   - Para desplazarse a la ubicación anterior o hacia adelante, hacer clic en la flecha **Atrás** (🔵) o en la flecha **Adelante** (🔵) respectivamente.

   - Para cambiar el aspecto de los elementos incluidos en la lista, hacer clic en la flecha del botón **Vistas** (🔳 Vistas ▾) y elegir una opción.

   - Para ver las propiedades de los archivos o cambiar el diseño del cuadro de diálogo, hacer clic en la flecha del botón **Organizar** (🔵 Organizar ▾).

3. Seleccionar el archivo en la lista y hacer clic en **Abrir**.

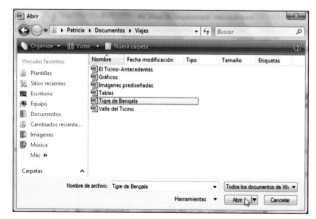

El botón **Abrir** incluye una flecha con diversas opciones alternativas. Las opciones disponibles dependerán del tipo de archivo elegido.

Crear un documento

Para crear un documento de Office para Word y Excel:

1. Elegir Todos los programas> Microsoft Office> [Nombre del programa] desde el botón **Iniciar** de Windows.

2. Hacer clic en el **Botón de Office** y seleccionar Nuevo.

3. Seleccionar un documento desde las plantillas instaladas o crear un documento nuevo haciendo clic en Nuevo.

El área de vista previa ofrecerá una breve descripción del tipo de documento elegido o una imagen preliminar.

4. Hacer clic en **Crear** o en **Descargar**, dependiendo del tipo de documento a crear seleccionado anteriormente.

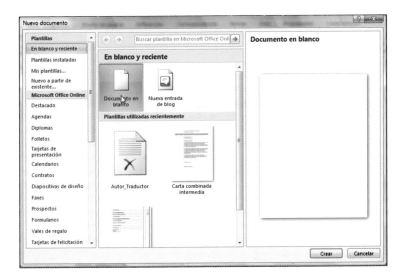

Trabajar con el Portapapeles

Con el Portapapeles de Office se pueden copiar diversos elementos de texto y gráficos de documentos de Office u otros programas y pegarlos en otro documento de Office. Para mostrar el Portapapeles en PowerPoint, Access, Excel, Outlook o Word:

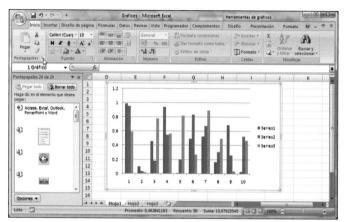

1. Hacer clic en el iniciador del cuadro de diálogo **Portapapeles** en la ficha **Inicio** (ficha **Mensaje** en Outlook) dentro del grupo **Portapapeles**.

O bien:

1. Hacer clic en el icono (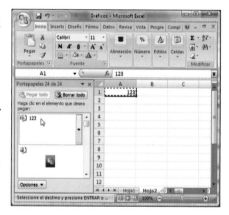), si éste aparece en la bandeja de la barra de tareas de Windows.

Para copiar elementos en el **Portapapeles**:

1. Abrir el **Portapapeles**.
2. Seleccionar los elementos que se van a copiar en el área de trabajo de la aplicación.
3. Pulsar **Control-C**.
4. El nuevo elemento aparecerá como una entrada en la lista del panel de tareas **Portapapeles**.

Para pegar un elemento:

1. Hacer clic en la zona del documento donde se desea copiar un elemento.
2. Abrir el **Portapapeles**.
3. Hacer clic sobre el elemento que se desea copiar o clic en **Pegar todo** para pegar todos los elementos copiados.

Para eliminar elementos del **Portapapeles**:

1. Hacer clic en **Borrar todo**.

O bien:

1. Hacer clic en la flecha que aparece al situar el ratón sobre un elemento concreto del **Portapapeles** y seleccionar **Eliminar**.

Opciones del Portapapeles

Para modificar las opciones del Portapapeles:

1. Abrir el Portapapeles.

2. Hacer clic en el botón **Opciones**.

- Mostrar automáticamente el Portapapeles de Office. Si el Portapapeles ya contiene un elemento, una copia nueva cualquiera hará que se abra automáticamente el Portapapeles.

- Mostrar Portapapeles de Office al presionar Control-C dos veces. El panel de tareas Portapapeles se abre al pulsar la combinación de teclas **Control-C** dos veces.

- Recopilar sin mostrar el Portapapeles de Office. Cuando el Portapapeles no está abierto en ninguna aplicación, no se podrán recopilar elementos en él.

- Mostrar el icono del Portapapeles de Office en la barra de tareas. Si el Portapapeles está abierto en cualquier aplicación de Office, el icono (🗒) lo indicará en la bandeja de la barra de tareas de Windows.

- Mostrar estado cerca de la barra de tareas al copiar. Al copiar un nuevo elemento, una etiqueta informa de la cantidad total de elementos en el Portapapeles.

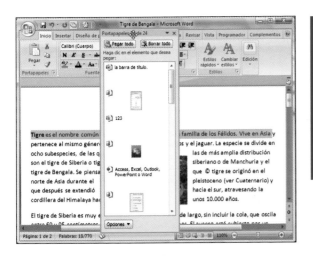

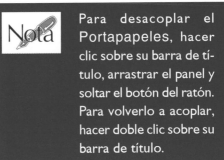

Para desacoplar el Portapapeles, hacer clic sobre su barra de título, arrastrar el panel y soltar el botón del ratón. Para volverlo a acoplar, hacer doble clic sobre su barra de título.

Capítulo 2
Microsoft
Office Word

Elementos de la ventana

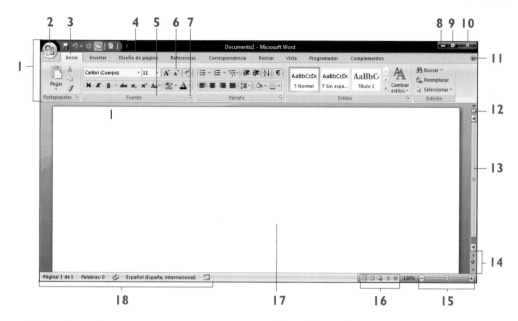

1.	Cinta de opciones
2.	Botón de Office
3.	Ficha
4.	Barra de herramientas de acceso rápido
5.	Grupo
6.	Comando
7.	Iniciador de cuadro de diálogo
8.	Ayuda de Microsoft Office Word 2007
9.	Botón Minimizar
10.	Botón Restaurar-Maximizar
11.	Botón Cerrar
12.	Botón Mostrar u ocultar regla
13.	Barras de desplazamiento
14.	Botones de búsqueda
15.	Zoom
16.	Botones Vistas del documento
17.	Área de trabajo
18.	Barra de estado

- **Cinta de opciones:** Desde esta cinta puede acceder a cualquiera de las opciones del programa.
- **Fichas y Grupos:** Los comandos se organizan en grupos, que se reúnen en fichas. Cada ficha tiene relación con una determinada tarea. Si se contrae una ficha, puede aparecer como un botón con una flecha desplegable, como la ficha Edición en la figura.
- **Reglas:** Informan sobre las medidas de la página y permiten configurar los márgenes, las sangrías, las tabulaciones y otros formatos de página.
- **Punto de inserción:** Indica la posición en la que se insertará el texto.
- **Barra de estado:** Esta barra aparece dividida en varias secciones, en las que se muestran información sobre la página y sección abiertas, el idioma actual, página actual, número de palabras, etc. Esta barra también ofrece diversa información referente a las acciones que Word lleva a cabo en cada momento.

Utilizar plantillas

Word cuenta con una serie de asistentes que facilitan la elaboración, paso a paso, de determinado tipo de documentos. Word ofrece también diversas plantillas que sirven de modelo para la creación de documentos.

1. Hacer clic en el **Botón de Office** ( ) y seleccionar Nuevo para abrir el cuadro de diálogo Nuevo documento.

2. En la sección Plantillas instaladas, seleccionar Plantillas instaladas para elegir la plantilla que se desee utilizar.

3. Si la plantilla deseada no se muestra en esta sección, elegir alguna de las opciones o plantillas que se muestran en la sección Plantillas. Es posible seleccionar plantillas que se encuentren en el equipo o conectarse al sitio Web de Microsoft Online para seleccionar otra diferente. Al seleccionar la opción Mis plantillas se abre el cuadro de diálogo Nueva.

4. Seleccionar alguna de las plantillas según el tipo de documento que se desee crear. Hacer doble clic sobre un icono para abrir la plantilla correspondiente o seleccione el icono y haga clic en **Crear**, o en **Descargar** si selecciona una de las plantillas de Microsoft Office Online.

 Para abrir un nuevo documento en blanco rápidamente, pulsar **Control-U**.

Escribir texto

Word siempre inserta el texto a partir de la posición actual del punto de inserción. Para situar el punto de inserción en un lugar determinado del documento:

1. Utilizar la barra de desplazamiento vertical o cualquier otro método para acceder a la posición del documento en la que se desea insertar el texto.

2. Colocar el puntero del ratón allí donde se desea situar el punto de inserción y hacer clic.

3. Si el documento no se extiende hasta la posición señalada, hacer doble clic con el ratón (sólo en las vistas Diseño Web y Diseño de impresión). Word insertará automáticamente los saltos de línea y la tabulación o alineación necesaria hasta alcanzar la posición del cursor.

4. Para terminar un párrafo y comenzar uno nuevo, pulsar **Intro**.

Para insertar algún carácter o símbolo especial que no pueda localizar en el teclado:

1. Seleccionar la ficha Insertar y hacer clic en la flecha desplegable de Símbolo del grupo Símbolos y seleccionar uno de los símbolos mostrados. Para ver más símbolos, seleccionar la opción Más símbolos para abrir el cuadro de diálogo Símbolo.

2. Utilizar el cuadro de diálogo Símbolo para insertar un carácter especial o alguno de los caracteres del juego del tipo de letra seleccionado haciendo clic en **Insertar**.

3. Hacer clic en **Cancelar** para cerrar el cuadro de diálogo al terminar.

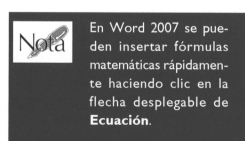

En Word 2007 se pueden insertar fórmulas matemáticas rápidamente haciendo clic en la flecha desplegable de **Ecuación**.

Seleccionar texto

Para poder realizar cualquier operación con el texto, como por ejemplo copiarlo o aplicarle formato, es necesario seleccionarlo; para ello, debe seguir estos pasos:

1. Situar el cursor donde se desee comenzar o terminar la selección.

2. Arrastrar el cursor hasta el otro extremo de la selección y soltar el botón del ratón.

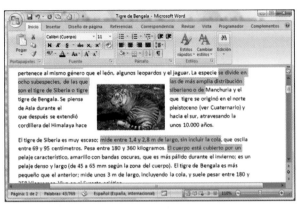

3. Office 2007, permite seleccionar varios textos no consecutivos en un documento. Para ello, debe mantener pulsada la tecla **Control** mientras selecciona un nuevo texto.

4. También se puede crear un cuadro de selección precisando las dos esquinas del mismo mientras se mantiene pulsada la tecla **Alt**. Word aplicará cualquier operación posterior sólo al texto contenido dentro de dicho cuadro de selección.

5. Para anular la selección de texto, pulsar la tecla **Esc**.

La siguiente tabla recoge varios métodos rápidos para la selección de texto:

Texto	Método de selección
Palabra	Doble clic sobre la palabra.
Párrafo	Triple clic sobre el párrafo.
Línea	Clic a la izquierda de la línea apuntando con el cursor de flecha hacia dicha línea.
Documento completo	Pulsar **Control-E**.

La selección de texto en tablas posee además características adicionales.

Copiar, cortar y pegar

Las opciones Copiar o Cortar del menú contextual, que se abre al hacer clic con el botón derecho del ratón sobre una selección, copian el texto seleccionado en el Portapapeles. Copiar sólo copia el texto, mientras que Cortar además lo borra del documento origen.

Para pegar el texto copiado en la posición actual del punto de inserción o sobre la selección actual, se utiliza el comando Pegar del menú contextual o los comandos del botón **Pegar** del grupo Portapapeles de la ficha Inicio. La etiqueta inteligente Opciones de pegado le ofrecerá diversas posibilidades sobre el

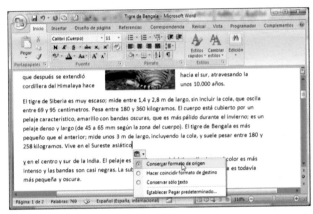

formato. Estos comandos también se pueden ejecutar mediante los botones agregados a la barra de herramientas de acceso rápido, a la ficha Inicio o a través de combinaciones de teclado.

Comando	Barra de herramientas	Método abreviado
Copiar	📋	**Control-C**
Cortar	✂	**Control-X**
Pegar	📋	**Control-V**

Arrastrar y colocar texto

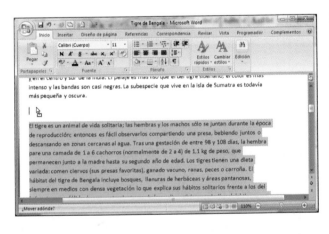

1. Seleccionar el texto que se desea cambiar de posición.

2. Mantener pulsado el botón del ratón mientras se arrastra la selección hasta una nueva ubicación.

3. Soltar el botón del ratón cuando el cursor se encuentre en el punto a partir del cual se desea insertar el texto. Aparecerá la etiqueta Opciones de pegado.

Buscar y reemplazar texto

En un documento extenso puede ser útil la función de búsqueda de Word.

1. Para abrir esta función, hacer clic en el botón **Buscar** del grupo Edición en la ficha Inicio, pulsar **Control-B** o hacer clic en el botón **Seleccionar objeto de búsqueda** (⊙) que se encuentra en la parte inferior de la barra de desplazamiento vertical y elegir la opción **Buscar** (🔍), para abrir el cuadro de diálogo Buscar y reemplazar.

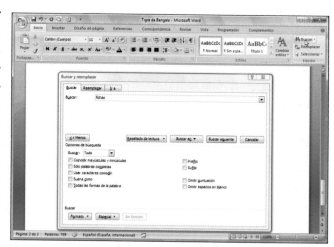

2. En el cuadro de texto Buscar, escribir el texto que se desea encontrar en el documento.

3. Si se desea además buscar texto con algún formato concreto, elegir alguna de las opciones que aparecen en el panel inferior. Si no aparece este panel, hacer clic en el botón **Más**.

4. Hacer clic en **Buscar siguiente** para ir localizando cada una de las coincidencias que aparecen en el documento o en **Resaltado de lectura** y seleccionar Resaltar todo para resaltar el texto encontrado en el documento.

Para reemplazar un texto por otro:

1. Hacer clic en el botón **Reemplazar** del grupo Inicio en la ficha Edición o pulsar **Control-L**.

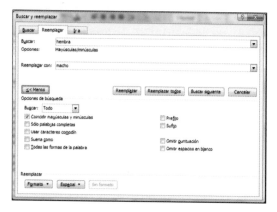

2. Indicar el texto que se desea buscar y el texto de reemplazo en los cuadros de texto correspondientes.

3. También se pueden seleccionar diversas opciones de búsqueda y formato.

4. Hacer clic en **Buscar siguiente** para buscar las coincidencias y en **Reemplazar** para reemplazarlas una a una. También se pueden reemplazar todas las coincidencias simultáneamente haciendo clic en el botón **Reemplazar todos**.

Formato de fuente

1. Seleccionar el texto al que se desea aplicar formato o bien situar el punto de inserción allí donde se desee comenzar a escribir un texto con un nuevo formato.

2. Seleccionar la ficha Inicio y hacer clic en una de las opciones de formato presentadas en el grupo Fuente. Para seleccionar más opciones, hacer clic en el iniciador del cuadro de diálogo Fuente en dicho grupo. El cuadro de diálogo está compuesto por dos fichas. El área de vista previa de dicho cuadro permite observar el efecto de cada una de las modificaciones antes de aplicarlas.

Las dos fichas del cuadro de diálogo Fuente son:

- **Fuente:** En esta ficha se puede elegir el tipo de letra, estilo, tamaño, color y otros efectos.

- **Espacio entre caracteres:** Permite seleccionar la escala del texto, el espaciado entre caracteres y la posición relativa vertical con respecto a la línea base.

En Word 2007 se puede utilizar una barra de herramientas semitransparente denominada mini barra de herramientas que se abre al seleccionar texto. Dicha barra, al principio es semitransparente pero, al hacer clic sobre ella, aparece completamente. Para aplicar cualquiera de los formatos de la mini barra de herramientas, sólo hay que hacer clic en el botón deseado.

Formato de párrafo

El texto de un documento se organiza en párrafos. A cada párrafo de un documento puede aplicarse una serie de formatos que le son propios. Veamos cómo:

1. Situar el punto de inserción dentro del párrafo cuyo formato se desea modificar o bien al comienzo de un párrafo nuevo.

2. Seleccionar la ficha Inicio y hacer clic en una de las opciones de párrafo del grupo Párrafo o hacer clic en el iniciador del cuadro de diálogo Párrafo para abrirlo. El cuadro de diálogo Párrafo, compuesto por dos fichas. El área de vista previa permite apreciar el efecto de cada modificación.

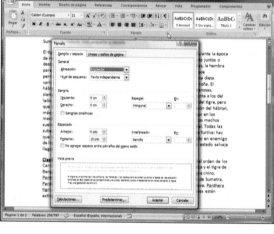

   * Sangría y espacio: Está dividida en tres secciones con las que se puede controlar la posición relativa de las líneas del párrafo con los márgenes, los párrafos anterior y posterior, y entre ellas mismas.

   * Líneas y saltos de página: Esta ficha permite elegir unas cuantas opciones adicionales como, por ejemplo, el comportamiento del párrafo al llegar al final de una página.

3. Para fijar tabulaciones personales en el párrafo, seleccionar la ficha Líneas y saltos de página y hacer clic en **Tabulaciones**.

4. Indicar la posición y tipo de cada una de las tabulaciones, así como si se desea incluir algún carácter de relleno hasta dicha tabulación.

Algunos de los formatos de párrafo más comunes están incluidos en el grupo Párrafo de la ficha Inicio.

Botón	Descripción
≣, ≣, ≣, ≣	Estos botones establecen las alineaciones izquierda, centrada, derecha o justificada respectivamente.
≣	Este botón desplegable permite seleccionar el interlineado del párrafo.
≢, ≢	Retrocede y avanza respectivamente la sangría izquierda, según el incremento elegido para las tabulaciones predeterminadas.

Numeración y viñetas

Seguir los pasos siguientes para aplicar un formato de numeración y viñetas:

1. Situar el cursor en el párrafo al que se desea aplicar este formato o bien seleccionar un conjunto de párrafos para aplicar la numeración o las viñetas a todos ellos simultáneamente.

2. Hacer clic en la flecha desplegable del botón **Numeración** (≣ ▾) del grupo Párrafo en la ficha Inicio para acceder a los estilos de numeración ofrecidos y seleccionar uno de ellos haciendo clic sobre él.

3. Hacer clic en la flecha desplegable del botón **Viñetas** (≣ ▾) del grupo Párrafo en la ficha Inicio para acceder a los estilos de viñetas ofrecidos y seleccionar uno de ellos haciendo clic sobre él.

4. Hacer clic en la flecha desplegable del botón **Lista multinivel** (≣ ▾) del grupo Párrafo en la ficha Inicio para acceder a los estilos que inician una lista de múltiples niveles y seleccionar uno de ellos haciendo clic sobre él.

Se pueden personalizar estas opciones, haciendo clic en la opción correspondiente y seleccionando la opción deseada. Por ejemplo, para personalizar una lista de viñetas, se debe hacer clic en la opción Definir nueva viñeta y elegir un símbolo, una viñeta de imagen o una imagen existente en archivo. También se pueden decidir las sangrías de la viñeta del texto.

Office Word 2007 permite aplicar un formato propio a la numeración, incluyendo cualquier atributo, como por ejemplo el color de los números. También permite configurar el tipo de numeración, el número de inicio, las sangrías y los atributos del número.

Mostrar y comparar formato

El panel de tareas Mostrar formato ofrece varias opciones interesantes para comprobar el formato aplicado a un texto o a un párrafo. En el mismo panel de tareas podemos comparar a su vez dos selecciones distintas a fin de comprobar con facilidad sus diferencias de formato.

1. Seleccionar el texto cuyo formato se desea comprobar o situar el punto de inserción en un párrafo para ver su formato.

2. Hacer clic en el iniciador del panel de tareas Estilos en el grupo Estilos de la ficha Inicio. Se abre el panel de tareas Estilos.

3. Hacer clic en el botón **Inspector de estilo** (⊞) que se encuentra en la parte inferior del panel. Se abre el cuadro Inspector de estilo.

4. Hacer clic en el botón **Mostrar formato** (⊞) que se encuentra en la parte inferior del cuadro. Se abre el panel Mostrar formato.

5. Hacer clic en el botón **Cerrar** del panel Estilos y del Inspector de estilo para trabajar más cómodamente con el panel Mostrar formato.

6. La sección Texto seleccionado recoge algunos caracteres de la selección, la palabra en la que se halla intercalado el cursor o bien un texto de ejemplo.

7. La ventana situada debajo muestra los distintos formatos de fuente, párrafo y sección. Al hacer clic en alguna de las entradas obtendrá información detallada a través de distintos cuadros de diálogo.

8. Para comparar el formato de la selección actual con el de otra zona del documento, activar la casilla Comparar con otra selección y, a continuación, seleccionar otro texto o cambiar la posición del punto de inserción para llevar a cabo la comparación.

9. La ventana inferior mostrará ahora las diferencias de formato.

Seleccionar y reemplazar formato

En algunas ocasiones resulta de gran utilidad buscar y seleccionar los caracteres o los párrafos que se ajustan a determinado formato independientemente de cuáles sean dichos caracteres o cuál sea el contenido del párrafo. Por ejemplo, para reemplazar todo el texto en negrita de un documento por texto de color rojo y sin negrita:

1. Abrir el panel de tareas Buscar y reemplazar haciendo clic en el botón **Reemplazar** del grupo Edición en la ficha Inicio.
2. Si aparece el botón **Más**, hacer clic sobre él para mostrar todas las opciones del cuadro de diálogo.
3. Hacer clic en el cuadro de texto Buscar para situar allí el cursor. Hacer clic en el botón desplegable **Formato** para indicar el formato que se desea buscar. Seleccionar Fuente y Negrita en el cuadro de lista Estilo de fuente. Hacer clic en **Aceptar**.

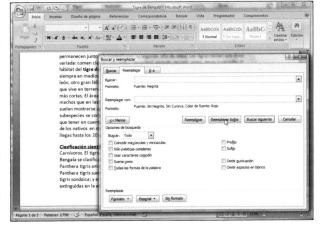

4. Hacer clic en el cuadro de texto Reemplazar con y pulsar de nuevo el botón **Formato** para seleccionar el formato de reemplazo. Seleccionar Fuente y el color rojo. No olvidar tampoco desactivar la negrita. Hacer clic en **Aceptar**.
5. A continuación, hacer clic en **Reemplazar todos** o bien en **Buscar siguiente** para ir comprobando cada coincidencia antes de modificarla con el botón **Reemplazar**.

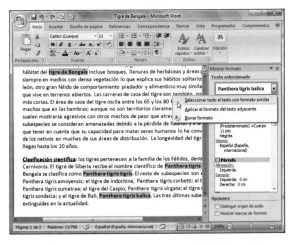

Para seleccionar a la vez todo el texto que comparte el mismo formato con el texto actualmente seleccionado:

1. Abrir el panel de tareas Mostrar formato, elegir la opción Seleccionar todo el texto con formato similar del menú desplegable que aparece en el cuadro Texto seleccionado del panel de tareas Mostrar formato.
2. Aplicar el nuevo formato a la selección.

Trabajar con estilos

Office Word 2007 incluye diversos tipos de estilo que se encuentran disponibles en una galería de estilos rápidos en el grupo Estilos de la ficha Inicio. Para definir un nuevo estilo de cualquier tipo:

1. Hacer clic en el iniciador del panel de Estilos en el grupo Estilos de la ficha Inicio.
2. Hacer clic en el botón **Nuevo estilo** (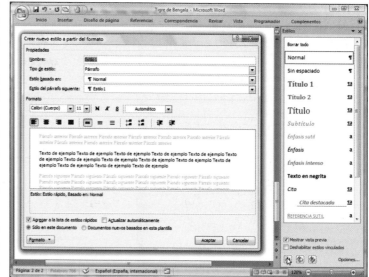) del panel de tareas Estilos. Aparecerá el cuadro de diálogo Crear nuevo a partir del formato.
3. Asignar un nombre al estilo y elegir su tipo.
4. Hacer clic en el botón desplegable **Formato** para configurar distintos formatos según el tipo de estilo elegido.

Para modificar o eliminar estilos:

1. Abrir el panel de tareas Estilos y hacer clic en el botón **Administrar estilos** ().
2. En el cuadro de diálogo Administrar estilos, hacer clic en el botón **Modificar** de la ficha Modificar. Se abrirá el cuadro de diálogo Modificar el estilo.
3. Escribir el nombre del estilo que desee modificar dentro del cuadro correspondiente y efectuar los cambios.

Para quitar un estilo de la galería de estilos rápidos:

1. Hacer clic sobre el estilo en la ventana del panel de tareas Estilos y seleccionar Quitar de la galería de estilos rápidos de la flecha desplegable o bien, hacer clic con el botón derecho del ratón sobre un estilo en la galería de estilos rápidos del grupo Estilos en la ficha Inicio y seleccionar Quitar de la galería de estilos rápidos.

Distribuir en columnas

1. Seleccionar el texto que se desea distribuir en columnas.

2. Hacer clic en el botón desplegable de **Columnas** del grupo Configurar página en la ficha Diseño de página y seleccionar el número de columnas, que depende de la anchura de la página.

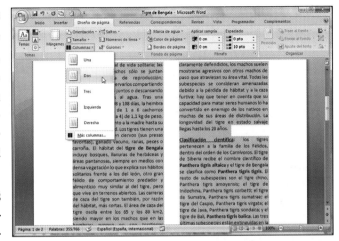

3. Para crear o configurar las columnas de forma más precisa, elegir la opción Más columnas. Se puede decidir el número, el ancho de cada una, la separación entre ellas y la inclusión de líneas. Hacer clic en **Aceptar** cuando haya terminado para cerrar el cuadro de diálogo Columnas.

Aplicar bordes y sombreado

Un formato adicional en el documento consiste en la aplicación de bordes y sombreado.

1. Seleccionar el texto o los párrafos a los que se desea aplicar los bordes o el sombreado.

2. Hacer clic en el botón desplegable de **Bordes** ( ) del grupo Párrafo de la ficha Inicio y seleccionar uno de los bordes de la lista, o bien, seleccionar la opción Bordes y sombreados para abrir el cuadro de diálogo Bordes y sombreados. Configurar las opciones de las fichas Bordes y Sombreado. En el cuadro Aplicar a, indicar si se desea asignar los cambios al texto o a los párrafos seleccionados.

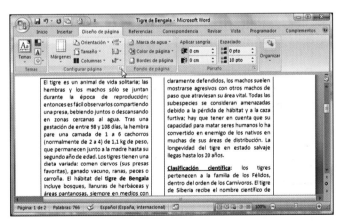

3. Para aplicar un borde a la página, configurar las opciones de la ficha Borde de página.

Configurar la página

Antes de comenzar a trabajar con un documento hay que asegurarse de que el tamaño del papel y los márgenes de la página son los adecuados. Además, un documento no tiene por qué estar compuesto únicamente por páginas de igual diseño. Para modificar en cualquier momento las propiedades de la página:

1. Seleccionar la ficha Diseño de página. En el grupo Configurar página, se presentan diversas opciones de configuración rápida para la página.

2. Para abrir el cuadro de diálogo Configurar página, hacer clic en el iniciador del cuadro de diálogo de Configurar página.

3. La ficha Márgenes define los márgenes de la página. Puede reservarse un área de la hoja para encuadernar el documento. También se puede elegir la orientación del papel. Para crear un tipo especial de documento como, por ejemplo, un cuadernillo, configurar la sección Páginas.

 Las opciones elegidas en una sección pueden modificar las opciones disponibles en otras secciones dentro de la misma ficha.

4. La ficha Papel permite elegir el tamaño del papel y la forma en que la impresora podrá disponer de él.

5. Por último, la ficha Diseño permite configurar algunas opciones propias de una sección, como su lugar de comienzo en la página o la posición de los encabezados y pies de página.

6. Desde cualquiera de las tres fichas debe indicar dónde aplicar las modificaciones en el cuadro de lista Aplicar a.

Vistas

Microsoft Office Word ofrece varias formas de ver el documento. Las vistas, que aparecen recogidas en la ficha Vista y en los botones (▤▯▱▤▤) situados en la parte inferior derecha de la ventana, junto a los botones de **Zoom**, son las siguientes:

Vista	Descripción
▤	**Diseño de impresión:** Podrá trabajar tanto con texto como con otros objetos, tal y como aparecerán en la página impresa.
▱	**Lectura de pantalla completa:** Podrá trabajar en pantalla completa con el documento y modificar las vistas aparte de utilizar algunas herramientas más.
▱	**Diseño Web:** Utilice esta vista cuando esté diseñando una página Web con Word.
▤	**Esquema:** Esta vista, facilita el trabajo con documentos extensos y utiliza distintos niveles que pueden contraerse o expandirse.
▤	**Borrador:** Esta vista diseñada para una revisión rápida del documento, muestra el documento sin encabezados ni pies de página para que la lectura de los documentos en pantalla resulte mucho más cómoda.

Además, Office Word permite ocultar el espacio en blanco existente entre dos páginas en la vista Diseño de impresión. Para ello:

1. Situar el puntero del ratón en el espacio entre las páginas.

2. Hacer doble clic.

Por otro lado, la opción de **Lectura de pantalla completa** ayuda a visualizar el documento maximizando el área de trabajo y ofreciendo diversas opciones en el menú desplegable del botón **Opciones de vista**.

 Para utilizar la Vista preliminar, hacer clic en el **Botón de Office** () y seleccionar Imprimir>Vista preliminar.

Zoom

Desde cualquier vista puede modificarse el zoom del documento:

1. Elegir alguna de las opciones del grupo **Zoom** de la ficha Vista haciendo clic en uno de los botones presentados, o bien hacer clic en los botones **Alejar** (⊖), **Acercar** (⊕) o arrastrar el controlador de arrastre (⊎) de la barra de **Zoom** que se encuentra en la esquina inferior derecha de la ventana del documento.

Para abrir el cuadro de diálogo Zoom:

1. Hacer clic en el botón **Zoom** del grupo Zoom en la ficha Vista o hacer clic en el porcentaje (100%) que se encuentra a la izquierda de la barra de **Zoom** en la parte inferior derecha de la ventana del documento.

Dividir el área de trabajo

El área de trabajo se puede dividir en dos secciones. Las dos ventanas dispondrán de barras de desplazamiento independientes y se podrá mostrar en ellas partes diferentes del mismo documento.

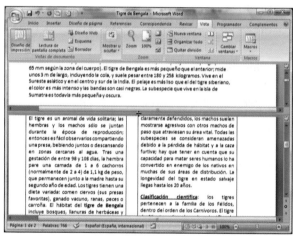

1. Para dividir el área de trabajo, situarse en el documento y hacer doble clic encima del botón **Ver** (⬚) en la barra de desplazamientos vertical.
2. Para modificar el tamaño de las ventanas, arrastrar la línea de separación entre ambas. El puntero del ratón cambiará de forma para indicarle que puede realizar esta tarea.
3. Para activar una ventana hacer clic sobre ella, y después trabajar normalmente en ella. Cada ventana puede tener una vista distinta.
4. Para anular la división, hacer doble clic sobre la línea que divide las ventanas.

Imprimir

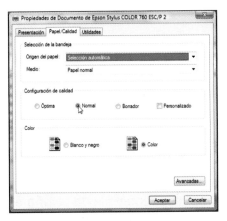

1. Antes de imprimir, utilizar la vistas Diseño de impresión o Vista preliminar para asegurarse de que el documento ofrece el aspecto deseado.

2. Para imprimir todo el documento directamente con la configuración predeterminada, haga clic en el botón **Imprimir** de la barra de acceso rápido.

3. Para configurar primero los parámetros de impresión, seleccionar la opción Imprimir del **Botón de Office** () o pulsar **Control-P**.

4. En el cuadro de diálogo Imprimir, seleccionar la impresora y hacer clic en **Propiedades** para modificar las opciones de la misma.

> **Nota** Las opciones de la impresora varían según la impresora utilizada y del controlador de la misma.

5. Indicar las partes del documento que se imprimirán, así como el número de copias. Se pueden incluir también varias páginas por hoja o escalar el documento.

6. Hacer clic en **Opciones** para acceder a un nuevo cuadro de diálogo con opciones adicionales sobre la impresión.

7. Hacer clic en **Aceptar** del cuadro de diálogo Imprimir para comenzar la tarea de impresión.

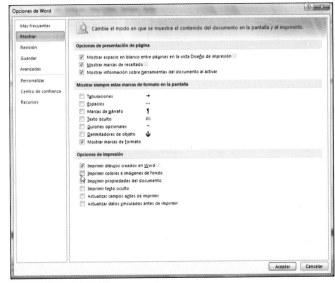

Saltos de página y de sección

Mientras se redacta un documento puede interesar seguir escribiendo en la siguiente página o en la siguiente columna antes de terminar las actuales. Si se desea realizar un cambio mayor a partir de cierta página, como modificar el tamaño de la misma o el estilo de los encabezados o pies, se puede insertar un salto de sección.

1. Hacer clic en la lista desplegable del botón **Saltos** del grupo Configurar página en la ficha Diseño de página.

2. Seleccionar la opción que mejor se adapte a las necesidades y hacer clic en **Aceptar**.

Encabezados y pies de página

Para trabajar con encabezados y pies de página:

1. Hacer clic en el botón **Encabezado** en la sección Encabezado y pie de página de la ficha Insertar.

2. Seleccione uno de los formatos de encabezados propuesto, haciendo clic sobre él o bien haga clic en Editar encabezado de la lista para abrir la ficha Herramientas para encabezado y pie de página, que le permite insertar elementos, cambiar entre encabezado y pie de página y desplazarse hacia los encabezados y pies de secciones anteriores o posteriores.

Para insertar un pie de página hacer clic en el botón **Pie de página** en el grupo Encabezado y pie de página de la ficha Insertar y seguir los pasos anteriores, o bien, desde la edición de encabezado, hacer clic en el botón **Ir al pie de página** desde la edición del encabezado y escribir un pie de página personalizado.

Insertar notas al pie y al final

Mientras se escribe un documento, quizá se desee añadir algún comentario o explicación al pie de la página o al final del documento a través de una referencia. Para ello, siga estos pasos:

1. Situar el punto de inserción donde se desee incluir la referencia de nota al pie o al final.

2. Hacer clic en el botón **Insertar nota al pie** o en el botón **Insertar nota al final** en el grupo Notas al pie de la ficha Referencias para insertar una nota al pie de la página o al final del documento respectivamente.

3. Word insertará una referencia en el texto y se trasladará hasta el pie de página o el final del documento, donde se podrá introducir el comentario.

4. Para insertar rápidamente notas al pie y al final en la posición actual del punto de inserción, pulsar respectivamente **Control-Alt-O** y **Control-Alt-L**, respectivamente.

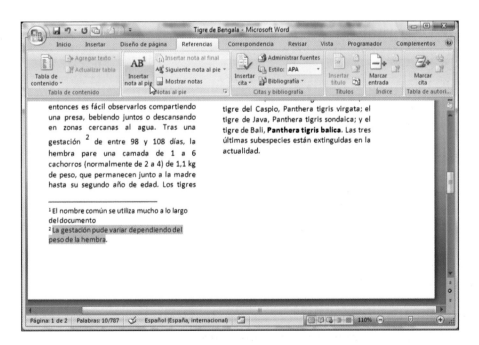

Nota Para ver el contenido de una referencia, situar el cursor sobre la misma. Para eliminar una referencia, hacerlo como si se tratara de un simple texto. Word suprimirá automáticamente el texto del comentario al pie o al final.

Insertar números de página

Para insertar números de página en todo un documento o sección:

1. Hacer clic en la flecha desplegable del botón **Número de página** en el grupo Encabezado y pie de página de la ficha Inicio y seleccionar una de las opciones y formatos propuestos.

2. Definir la posición y alineación de los números seleccionando la opción Formato del número de página para abrir el cuadro de diálogo Formato de número de página.

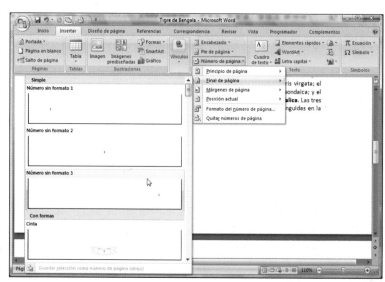

3. Configurar el formato de la numeración y hacer clic en **Aceptar**. Word insertará los números de forma automática.

O bien:

1. Acceder al área de encabezado o de pie de página, donde se desee incluir la numeración.

2. Hacer clic en el botón **Número de página** en el grupo Encabezado y pie de página de la ficha Diseño en las Herramientas para encabezado y pie de página.

3. Aplicar el formato de fuente o de párrafo que se desee al campo de numeración insertado por Word.

Para suprimir los números de página, haga clic en el botón **Número de página** del grupo Encabezado y pie de página de la ficha Insertar y seleccione Quitar números de página.

Trabajar con tablas

Word puede crear tablas de distintas formas:

1. Hacer clic en el botón **Insertar** en el grupo Tabla de la ficha Insertar y mantener pulsado el botón del ratón mientras arrastra para definir el número de filas y de columnas.

O bien:

1. Seleccionar la opción Insertar tabla del mismo botón para configurar las opciones del cuadro de diálogo Insertar tabla y hacer clic en **Aceptar**.

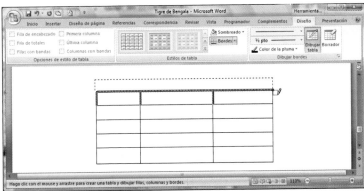

O bien:

1. Seleccionar Dibujar tabla del mismo botón.

2. Hacer clic en el área de trabajo para designar la primera esquina de la tabla y arrastrar el ratón hasta llevarlo a la esquina opuesta de dicha tabla.

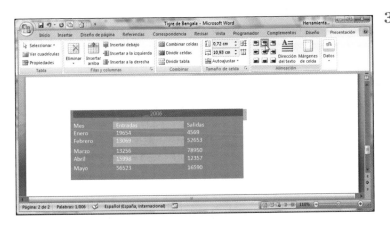

3. Utilizar posteriormente los botones **Dibujar tabla** y **Borrador** del grupo **Dibujar tabla** en la ficha Diseño de Herramientas de tabla para añadir y eliminar líneas en el interior del rectángulo y crear así una estructura de celdas compleja.

Se pueden utilizar las demás opciones del menú Tabla y de las fichas Presentación y Diseño de Herramientas de tabla para añadir y eliminar filas y columnas, convertir texto en tabla y viceversa, además de otras opciones como aplicar bordes u ordenar el contenido.

Insertar y modificar una imagen

En otro capítulo del libro trataremos con más detalle la forma de incrustar y vincular objetos. Sin embargo, no es raro encontrar en Word otros objetos, como por ejemplo una imagen, además de texto. Para insertar una imagen desde un archivo:

1. Situar el punto de inserción en la posición en la que se desee insertar la imagen. De esta forma se integra la imagen en el texto.

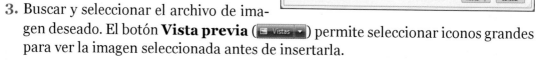

2. Los botones del grupo **Ilustraciones** de la ficha **Insertar**, permiten insertar en el documento distintos tipos de imágenes. En este caso, haremos clic en el botón **Imagen** para abrir el cuadro de diálogo Insertar imagen.

3. Buscar y seleccionar el archivo de imagen deseado. El botón **Vista previa** (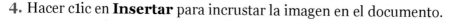) permite seleccionar iconos grandes para ver la imagen seleccionada antes de insertarla.

4. Hacer clic en **Insertar** para incrustar la imagen en el documento.

Para reducir la extensión del documento o si se piensa que el archivo de imagen va a sufrir modificaciones que se desea que se reflejen en el documento, hacer clic en la flecha junto al botón **Insertar** y seleccionar Vincular al archivo.

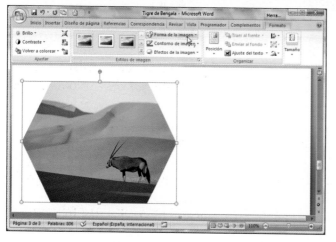

Para modificar las propiedades de la imagen una vez insertada:

1. Seleccionar la imagen. Se abrirá la opción **Herramientas de imagen** con la ficha **Formato** seleccionada. En los grupos de esta ficha se recogen los distintos comandos que permiten, por ejemplo, recortar la imagen, modificar su contraste, modificar la imagen o comprimirla.

Asistente para combinar correspondencia

Para abrir el Asistente para combinar correspondencia:

1. Seleccionar la ficha Correspondencia, hacer clic en la lista desplegable del botón **Iniciar combinación de correspondencia** (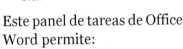) y seleccionar.
2. Se abrirá el panel de tareas Combinar correspondencia.

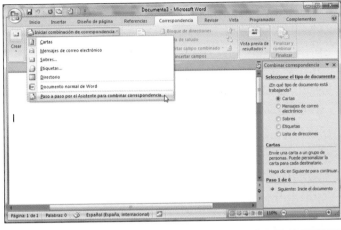

Este panel de tareas de Office Word permite:

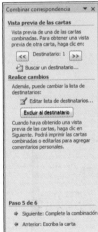

- Enviar una carta o correo electrónico común o personalizado a un grupo de personas.
- Imprimir sobres o etiquetas.
- Crear un catálogo o una lista de direcciones.

> **Nota**
>
> El desarrollo de cualquiera de estas funciones se basa en la existencia de un origen de datos del que extraer la información para generar el documento o documentos deseados. De no existir, se debe crear.

El proceso se divide en seis pasos generales:

1. Seleccionar el tipo de documento que se desea crear.
2. Seleccionar el documento inicial que se utilizará como base.
3. Seleccionar los destinatarios. Si no dispone de una lista ya existente, se puede utilizar la lista de contactos de Outlook o bien crear una lista nueva.
4. Crear el documento en sí, donde se podrán agregar campos relativos a la información extraída del origen de datos.
5. Observar la apariencia de los documentos resultantes, uno por uno, para cada destinatario. También se podrá editar el origen de datos utilizado.
6. Imprimir los documentos obtenidos o bien editarlos individualmente.

Crear un índice

La creación de un índice es una tarea de dos pasos:

- Primero hay que marcar las entradas del índice.
- Segundo hay que crear el índice propiamente dicho.

Estos son los pasos para crear un índice:

1. Situar el punto de inserción allí donde se desee insertar una marca de índice.
2. Pulsar la combinación **Alt-Mayús-X** o hacer clic en el botón **Marcar entrada** del grupo Índice en la ficha Referencias. Aparecerá el cuadro de diálogo Marcar entrada de índice.
3. Escribir en el cuadro Entrada el texto que aparecerá en la entrada principal del índice.
4. Para crear una entrada de segundo nivel, rellenar el cuadro Subentrada.
5. Hacer clic en **Marcar**.
6. Continuar insertando todas las marcas de índice que sean necesarias. (No es necesario salir del cuadro de diálogo.)

Para generar el índice:

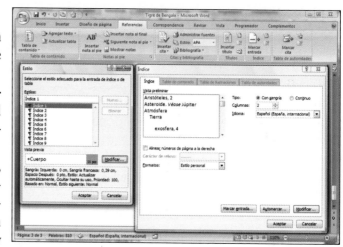

1. Situar el punto de inserción en el lugar donde se desee generar el índice.
2. Hacer clic en el botón **Insertar índice** (📄) en el grupo Índice de la ficha Referencias.
3. Dentro de la ficha Índice, seleccionar alguno de los estilos disponibles en el cuadro de lista Formatos o bien seleccionar Estilo personal y hacer clic en **Modificar** para establecer un nuevo formato.
4. Configurar otras opciones del cuadro de la ficha Índice y finalmente hacer clic en **Aceptar**.

Herramientas de traducción y sinónimos

Para traducir texto en Word 2007:

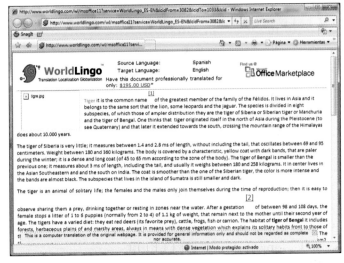

1. Hacer clic en el botón **Traducir** en el grupo Revisión de la ficha Revisar.

2. Si es la primera vez que se utilizan los servicios de traducción, hacer clic en **Aceptar** para instalar los diccionarios bilingües y habilitar el servicio de traducción a través del panel de tareas Referencia.

3. Para cambiar los idiomas utilizados en la traducción, seleccionar los idiomas de origen y de destino en la sección Traducción del panel de tareas Referencia.

4. Para traducir una palabra específica, pulse **Alt** y haga clic en la palabra. El resultado se mostrará en la sección Traducción en el panel de tareas Referencia.

5. Para traducir una frase corta, seleccionar las palabras, pulsar **Alt** y hacer clic en la selección. El resultado se mostrará en el panel de tareas Referencia, en la sección Traducción.

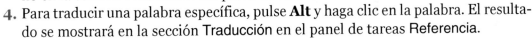

6. Para traducir un documento, en la sección Traducción del panel de tareas Referencia, hacer clic en **Traducir el documento**.

7. Haga clic en **Sí** en el cuadro de advertencia que se abre.

8. En el explorador Web aparece una traducción del documento.

Nota Si decide traducir el documento completo, tenga en cuenta que se enviará sin cifrar a través de Internet por lo que es posible que otras personas vean el documento.

Capítulo 3
Microsoft
Office Excel

Elementos de la ventana

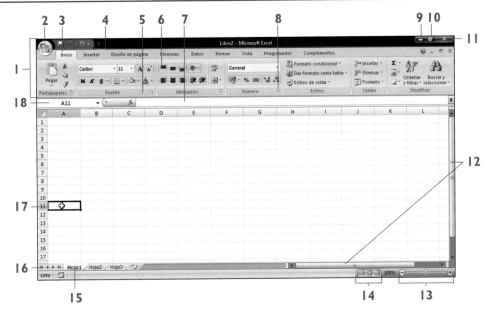

1.	Cinta de opciones	10.	Botón Restaurar-Maximizar
2.	Botón de Office	11.	Botón Cerrar
3.	Ficha	12.	Barras de desplazamiento
4.	Barra de herramientas de opciones rápidas	13.	Botones de Zoom
5.	Grupo	14.	Botones de vistas
6.	Comando	15.	Etiquetas de hojas
7.	Barra de fórmulas	16.	Botones de desplazamiento
8.	Iniciador de cuadro de diálogo	17.	Celda activa
9.	Botón Minimizar	18.	Cuadro de nombres

Plantillas

Las plantillas de Excel facilitan la creación de documentos. Para abrir plantillas:

1. Hacer clic en el **Botón de Office** ( ), seleccionar Nuevo y seleccionar la opción deseada en la lista de Plantillas.

2. Hacer clic en el icono del documento que se desea abrir.

3. Hacer clic en **Crear**.

Crear un libro

Para comenzar a trabajar en un libro nuevo en blanco:

1. Hacer clic en el **Botón de Office** (⬤).

2. Seleccionar Nuevo y, posteriormente, En blanco y reciente en la lista Plantillas.

3. Hacer doble clic en Libro en blanco o seleccionar el icono y hacer clic en **Crear**.

Para trabajar en un libro nuevo a partir de otro ya existente:

1. Hacer clic en el **Botón de Office** (⬤).

2. Seleccionar Nuevo y, posteriormente, Nuevo a partir de existente en la lista Plantillas.

3. Localizar el archivo deseado y seleccionarlo.

4. Hacer clic en **Aceptar**.

Abrir un libro guardado

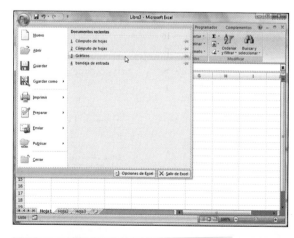

1. Hacer clic en el **Botón de Office** (⬤) y hacer doble clic en el archivo en la lista de Documentos recientes.

Para abrir un libro que no aparece en la lista de Documentos recientes:

1. Hacer clic en el **Botón de Office** (⬤) y seleccionar Abrir.

2. Seleccionar el archivo en el cuadro de diálogo Abrir y hacer clic en **Abrir**.

Trabajar con hojas de cálculo

Un libro puede estar compuesto por una o más hojas de cálculo. Para trabajar en una hoja, hacer clic sobre su etiqueta para seleccionarla. Las etiquetas están alineadas a la izquierda de la barra de desplazamiento horizontal. Si el número de hojas es muy elevado, no podrán mostrarse todas las etiquetas al mismo tiempo. En tal caso, utilizar los botones de desplazamiento situados a la izquierda:

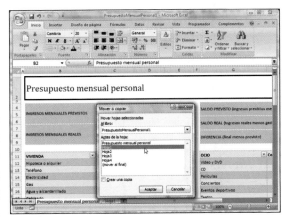

- ( ) Muestra la primera etiqueta.
- ( ) Muestra la etiqueta anterior.
- ( ) Muestra la siguiente etiqueta.
- ( ) Muestra la última etiqueta.

Para seleccionar varias hojas:

1. Utilizar el método habitual de selección en Windows haciendo clic sobre sus correspondientes etiquetas contiguas manteniendo pulsada la tecla **Control** y etiquetas no contiguas manteniendo pulsada la tecla **Mayús**.

Para cambiar el orden de las hojas o copiarlas en otra posición:

1. Seleccionar las hojas.
2. Arrastrar las etiquetas con el ratón para indicar su nueva ubicación. Mantener pulsada la tecla **Control** mientras se arrastra para crear una copia de las hojas en la posición indicada.

Agregar y eliminar hojas de cálculo

Los libros nuevos incluyen, de forma predeterminada, tres hojas de cálculo y una nueva etiqueta con el símbolo 🗖 sobre la que se puede hacer clic para agregar una nueva hoja de cálculo. Para agregar una nueva hoja en una posición determinada y con un determinado diseño:

1. Seleccionar la etiqueta de la hoja posterior a la nueva hoja que se desea insertar.
2. Para insertar una hoja basada en una plantilla de hoja, hacer clic con el botón derecho sobre la ficha y pulsar Insertar. Seleccionar la plantilla deseada en el cuadro de diálogo Insertar y pulsar **Aceptar**.

Imprimir

Para imprimir:

1. Configurar el área de impresión deseada o seleccionar elementos determinados para imprimir, como varias hojas o varias celdas de una hoja.

 El botón **Vista previa de salto de página** (🔲), incluido en el grupo Vistas del libro de la ficha Vista, permite definir y modificar con facilidad un área de impresión, así como incluir saltos de página.

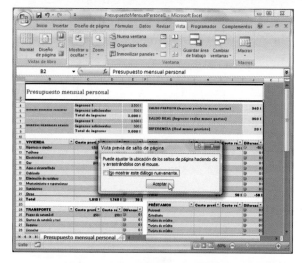

2. Hacer clic en el **Botón de Office** (🔵) y seleccionar Vista preliminar de la opción Imprimir.

3. Observar el aspecto que presentará el trabajo impreso y efectuar cualquier modificación deseada.

4. Hacer clic en el botón **Imprimir** de la Vista preliminar o pulsar **Control-P**. Se mostrará el cuadro de diálogo Imprimir.

5. Seleccionar la impresora con la que se desea realizar el trabajo de impresión. Para configurar las opciones propias de la impresora, hacer clic en **Propiedades**.

6. En la sección Intervalo de páginas del cuadro de diálogo Imprimir, indicar si se desea imprimir todas las páginas o sólo un intervalo.

7. En la sección Imprimir, indicar si se desea imprimir las celdas y objetos seleccionados, las hojas seleccionadas o bien todo el libro.

8. Seleccionar el número de copias y hacer clic en **Aceptar** para ejecutar la tarea de impresión.

Seleccionar celdas

La celda activa de una hoja aparece rodeada por un marco negro. Para cambiar de celda:

1. Hacer clic sobre la celda que se desee activar. Utilizar las barras de desplazamiento si fuera necesario para mostrar la celda.

O bien:

1. Utilizar los métodos de desplazamiento con el teclado. Por ejemplo, las **Teclas del cursor** o las teclas **Tab** e **Inicio**.

O bien:

1. Escribir la referencia de la celda en el Cuadro de nombres.

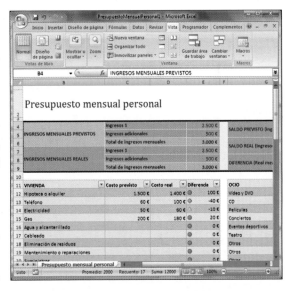

La tabla siguiente muestra algunos métodos de selección para varias celdas:

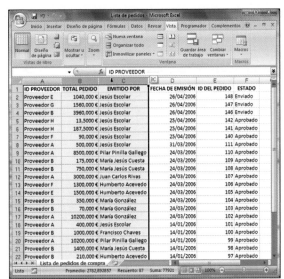

Selección	Método
Filas o columnas	Hacer clic en los correspondientes identificadores de filas o de columnas.
Celdas contiguas	Pulsar el botón del ratón sobre la celda situada en una de las esquinas de la selección y arrastrar hasta la esquina opuesta.
Celdas no contiguas	Mantener pulsada la tecla **Control** mientras se efectúa la selección.

Rangos con nombre

Para dar nombre a un rango de celdas:

1. Seleccionar el conjunto de celdas que componen el rango.

2. Hacer clic en el Cuadro de nombres, situado a la izquierda de la barra de fórmulas, y escribir un nombre para el rango.

3. Pulsar **Intro**.

Para seleccionar un rango con nombre, hacer clic en la flecha desplegable del Cuadro de nombres y seleccionar el nombre de la lista o escribir directamente el nombre en dicho cuadro.

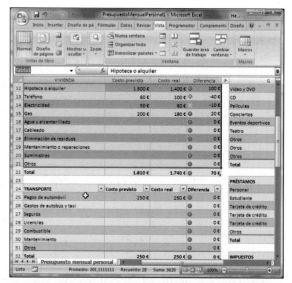

 También se pueden utilizar los botones **Asignar nombre a un rango** y **Administrador de nombres** del grupo Nombres definidos de la ficha Fórmulas para realizar operaciones con nombres.

Referencias

Las referencias permiten identificar las celdas y los rangos.

- Para hacer referencia a una celda determinada, indicar la letra de su columna seguida del número de su fila.

- Para hacer referencia a un rango de celdas contiguas, indicar la referencia de una de las celdas de sus esquinas seguida de dos puntos (:) y la referencia de la celda de la esquina opuesta.

- Las referencias a rangos de otras hojas van precedidos del nombre de la hoja y el signo de cierre de exclamación (!).

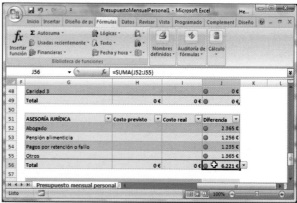

Introducir datos

Para introducir datos en una celda:

1. Seleccionar la celda.
2. Escribir directamente los datos. Para editarlos mientras se introducen, hacer clic primero sobre la barra de fórmulas o pulsar **F2**.
3. Pulsar **Intro** o activar otra celda cualquiera.

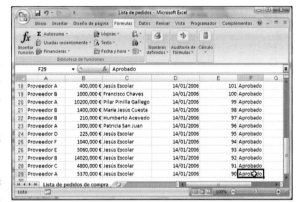

Los datos se muestran en el interior de la celda y en la barra de fórmulas. En esta barra aparecen tres botones: el botón **Cancelar** (☒) cancela la introducción del dato, el botón **Introducir** (☑) acepta el dato y el botón **Insertar función** (𝑓ₓ) permite introducir una función en la celda activa. Los datos que pueden introducirse son:

- **Texto:** Se puede utilizar el texto para describir y organizar los datos. Por ejemplo, se pueden crear rótulos de filas y de columnas.
- **Números:** Se puede introducir valores constantes en forma de números positivos, negativos, decimales y en notación científica.
- **Fórmulas:** Las fórmulas permiten realizar operaciones con valores constantes o con el contenido de otras celdas. Van precedidas del signo =. Las funciones son un tipo de fórmulas que realizan operaciones predeterminadas con una serie de argumentos.
- **Fechas y horas:** Las fechas y horas deben adoptar alguno de los formatos reconocidos por Excel a fin de evitar que las considere texto.

Para aplicar un formato específico a los datos de un rango de celdas:

1. Hacer clic con el botón derecho sobre el rango seleccionado.
2. Elegir la opción Formato de celdas del menú contextual.
3. En la ficha Número, seleccionar una categoría y hacer clic en **Aceptar**.

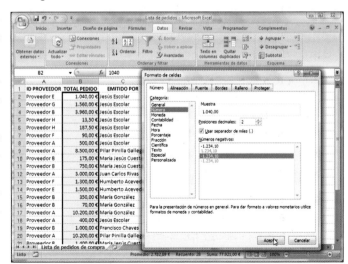

Rellenar celdas

En ocasiones, es necesario que el contenido de varias celdas consecutivas sea el mismo. En tal caso basta con escribir el dato en una de las celdas y rellenar las demás.

Si la casilla Permitir arrastrar y colocar el controlador de relleno y las celdas está activada en la sección Opciones de edición de la opción Avanzadas en el cuadro de Opciones de Excel, la celda o el rango activo incluirán siempre un controlador de relleno.

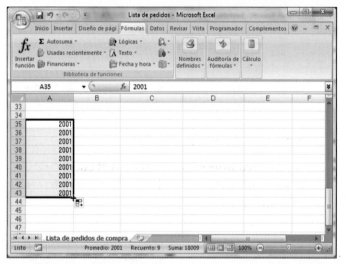

Para rellenar varias celdas consecutivas con los mismos datos:

1. Escribir el dato que se desea repetir en una celta y seleccionar el rango que incluye las celdas que se han de rellenar.

2. Arrastrar con el botón del ratón el controlador de relleno y soltar el botón al final de la serie.

Para rellenar con una serie:

1. Seleccionar la celda donde se desea comenzar la serie.

2. Seleccionar el rango de celdas que van a contener la serie y arrastrar el controlador de relleno.

3. Soltar el botón del ratón y seleccionar la opción de de relleno correspondiente de entre las disponibles en el menú **Opciones de autorrelleno** ( ).

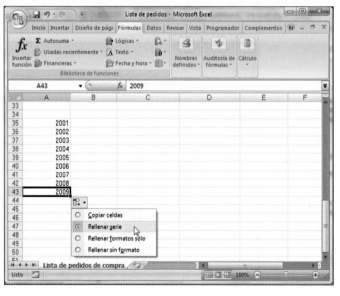

Importar datos

Excel permite importar datos procedentes de conexiones de datos externas.

1. Hacer clic en la flecha desplegable de **Obtener Datos externos** en la ficha Datos.

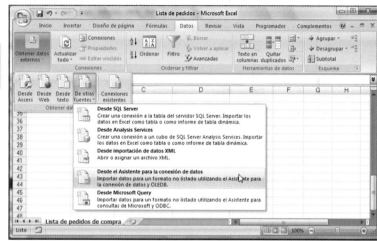

2. Seleccionar una conexión de datos. De no aparecer la deseada, hacer clic en **De otras fuentes** y seleccione Desde el Asistente para la conexión de datos o cualquier otra opción apropiada de la lista.

3. Una vez determinados los datos que se desea importar, aparecerá el cuadro de diálogo Importar datos. Decidir la posición a partir de la cual importar los datos en la hoja actual o bien importarlos en una hoja nueva.

4. Hacer clic en **Propiedades** para configurar algunas opciones acerca de los datos externos.

5. Hacer clic en **Aceptar** para insertar los datos externos en la hoja de cálculo.

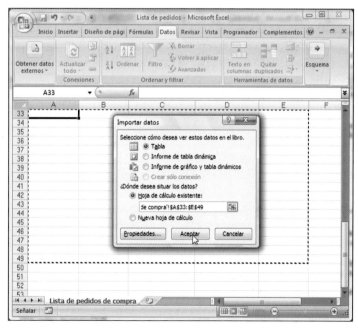

Copiar, mover, borrar y eliminar datos

Para utilizar los comandos Copiar, Cortar y Pegar:

1. Seleccionar la celda o el rango cuyos datos se desea copiar o cortar.

2. Pulsar **Control-C** o seleccionar Copiar del menú contextual para copiar o pulsar **Control-X** o seleccionar Cortar del menú contextual para cortar los datos seleccionados.

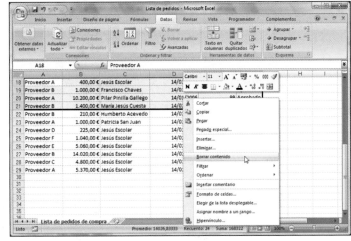

3. Seleccionar la celda donde se desea pegar el dato o a partir de la cual se pegarán los datos del rango.

4. Pulsar **Control-V** o **Intro** para copiar los datos.

Para borrar el contenido de una celda o un rango:

1. Seleccionar la celda o el rango.

2. Pulsa **Supr** o seleccionar la opción Borrar contenido del menú contextual.

Para eliminar celdas:

1. Seleccionar la celda o el rango que se desee eliminar.

2. Elegir la opción Eliminar del menú contextual.

3. Decidir entre desplazar las celdas hacia la izquierda o hacia arriba, o bien eliminar todas las filas o todas las columnas comprendidas en el rango.

Para activar o desactivar la función Arrastrar y colocar:

1. Hacer clic en el **Botón de Office** ( ) y, posteriormente, en el botón **Opciones de Excel** en la parte inferior derecha de la lista para abrir el cuadro de diálogo Opciones de Excel.

2. Seleccionar o anular la selección de la casilla de verificación Permitir arrastrar y colocar el controlador de relleno y las celdas que se encuentra en la sección Opciones de edición de la opción Avanzadas.

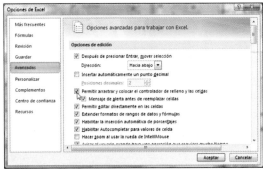

Buscar y reemplazar

1. Activar la hoja donde se desea buscar y, en su caso, seleccionar el rango de celdas al que se desea limitar la búsqueda.

2. En la ficha Inicio, hacer clic en la ficha desplegable de **Buscar y seleccionar** y seleccionar Buscar o Reemplazar.

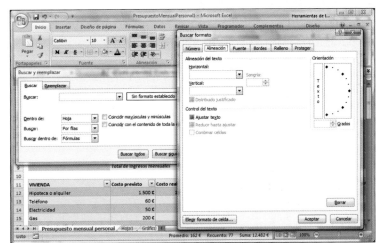

3. Hacer clic en la flecha desplegable del botón **Formato** para abrir una lista de opciones.

4. Decidir el ámbito y el objeto de la búsqueda, así como otras opciones adicionales.

5. Escribir el texto o valor buscado y su correspondiente texto de reemplazo.

6. Hacer clic en **Buscar siguiente** para buscar la siguiente coincidencia y en **Reemplazar** para efectuar el reemplazo.

Comentarios

Para insertar un comentario:

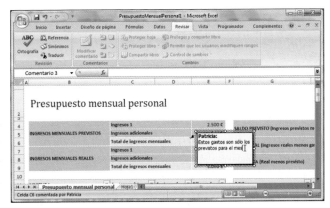

1. Seleccionar la celda en la que se desea insertar un comentario.

2. Seleccionar la ficha Insertar y, dentro del grupo Revisar, hacer clic en el botón **Nuevo comentario**, o bien, seleccionar Insertar comentario del menú contextual.

3. Escribir el texto del comentario y salir del mismo haciendo clic fuera del cuadro. Una vez insertado el comentario, se mostrará un triángulo de color rojo en la celda para indicar que hay un comentario asociado a ella.

Filtrar y ordenar datos

Excel puede trabajar con tablas. Éstas han de incluir una primera fila de rótulos para definir el contenido de cada una de las columnas. Para ordenar los datos de una lista:

1. Seleccionar una celda de la lista o un rango de la misma.

2. Hacer clic en el botón **Ordenar** en el grupo Ordenar y filtrar de la ficha Inicio para abrir el cuadro de diálogo Ordenar y decidir el tipo de ordenación (filas o columnas) o modificar el criterio de ordenación principal.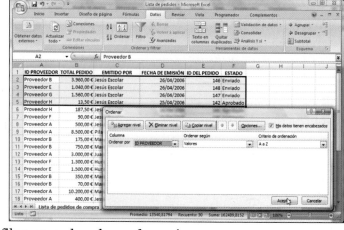

3. El cuadro de diálogo Ordenar permite ordenar las filas de la tabla según tres columnas (o filas). Seleccionar las columnas o las filas en orden de preferencia.

4. Establecer para cada caso una ordenación ascendente o descendente.

5. Hacer clic en **Aceptar**.

Para filtrar los datos de una tabla:

1. Asegurarse de que la lista incluye una primera fila de rótulos de cabecera.

2. Seleccionar una celda de la tabla.

3. Hacer clic en el botón **Filtro** del grupo Ordenar y filtrar de la ficha Inicio.

4. Para filtrar las filas por los datos de una columna, hacer clic sobre la flecha desplegable que aparecer en la celda de cabecera y seleccionar alguno de los criterios ofrecidos.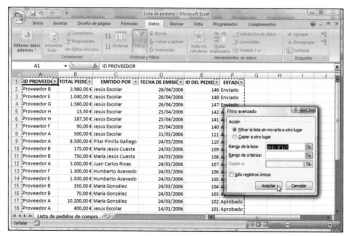

5. Para crear un filtro personalizado, hacer clic en el botón **Avanzadas** del grupo Ordenar y filtrar en la ficha Inicio para abrir el cuadro de diálogo Filtro avanzado.

Crear o eliminar tablas

Cuando se crea una tabla (anteriormente denominada lista) en Microsoft Office Excel, sus datos se pueden administrar y analizar independientemente de la información que haya fuera de la tabla. Para crear una tabla de Excel:

1. Seleccionar el rango de datos o celdas que desee convertir en una tabla.

2. En la ficha Insertar, en el grupo Tablas, hacer clic en el botón **Tabla**.

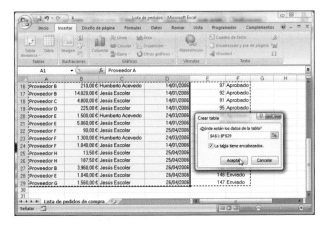

3. Si el rango seleccionado incluye datos que se desea mostrar como encabezados de tabla, activar la casilla de verificación La tabla tiene encabezados.

4. Haga clic en **Aceptar**. Se mostrarán las Herramientas de tabla junto con la ficha Diseño, desde donde se puede personalizar o modificar la tabla

Para convertir una tabla en un rango de datos:

1. Hacer clic en cualquier celda dentro de la tabla.

2. En la ficha Diseño de Herramientas de tabla, hacer clic en el botón **Convertir en rango** dentro del grupo Herramientas, o bien, hacer clic con el botón derecho del ratón en la tabla y seleccionar Convertir en rango.

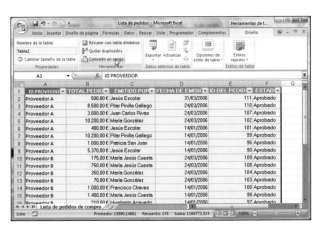

Para eliminar una tabla:

1. Seleccionar la tabla.

2. Pulsar **Supr**.

También se puede hacer clic en el botón **Deshacer** (🔄) en la barra de herramientas de acceso rápido para eliminar una tabla que se acaba de crear o se puede convertir de nuevo en un rango.

Subtotales

Una de las funciones de Excel para trabajar con una tabla es el cálculo automático de subtotales y totales.

1. Ordenar la tabla según la columna para la que se desea calcular los subtotales.

2. Seleccionar cualquier celda de la tabla y hacer clic en el botón **Subtotal** del grupo **Esquema** de la ficha **Datos**.

3. En el cuadro de lista desplegable **Para cada cambio en**, seleccionar la columna que servirá de base en el cálculo de subtotales.

4. Indicar también la función de resumen que se utilizará para calcular el subtotal.

5. En la lista **Agregar subtotal a**, activar las casillas de aquellas columnas para las que se desee calcular subtotales.

6. Configurar las casillas de verificación que ofrecen opciones adicionales.

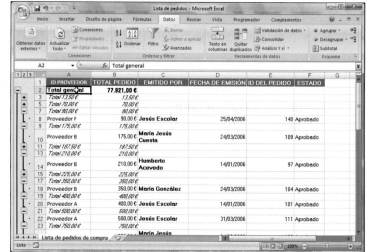

 En el esquema que aparecerá a la izquierda, utilizar los botones (1 2 3) para ocultar o mostrar los diferentes niveles. Utilizar los botones (+) y (-) para mostrar y ocultar, respectivamente, las filas de detalle de los subtotales.

Crear un informe de tabla dinámica

Una tabla dinámica es una tabla interactiva elaborada a partir de una tabla estática y permite comparar los datos con facilidad sin modificar la estructura de la tabla original.

1. Seleccionar una celda de la tabla que se utilizará como origen de datos.
2. Hacer clic en la flecha desplegable del botón **Tabla dinámica** en el grupo Tablas de la ficha Insertar.
3. Seleccione Tabla dinámica en el cuadro de diálogo Crear tabla dinámica.
4. Si se desea utilizar un origen de datos externo, seleccionar la opción Utilice una fuente de datos externa y hacer clic en **Elegir conexión** para seleccionar una de las conexiones del cuadro Conexiones existentes y hacer clic en **Abrir**.

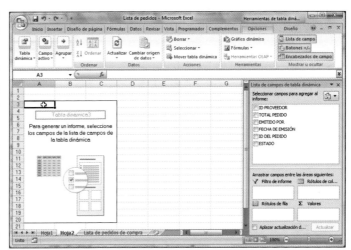

5. Elegir una ubicación para colocar el informe de tabla dinámica y pulsar **Aceptar**.
6. Se abrirán los siguientes elementos:

   - Un diagrama de la tabla dinámica a la izquierda de la hoja de cálculo.
   - Un panel de Lista de campos de tabla dinámica.
   - Herramientas de tabla dinámica.
   - Ficha Opciones.

7. Para crear la tabla dinámica, seleccionar los campos a agregar al informe en el panel de tareas.
8. Para seleccionar otras opciones disponibles, hacer clic en el botón **Tabla dinámica** de la ficha Opciones de las Herramientas de tabla dinámica y hacer clic en **Opciones** para abrir el cuadro de diálogo Opciones de tabla dinámica.

9. Hacer clic en **Aceptar** para cerrar el cuadro de diálogo y volver a la tabla.

Insertar una función

Para insertar funciones rápidamente en Office Excel:

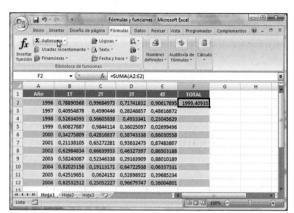

1. Seleccionar la celda donde se desea escribir la función.
2. Seleccionar la ficha Fórmulas y hacer clic en uno de los botones en el grupo Biblioteca de funciones.
3. Hacer clic en **Aceptar**.

Para insertar funciones con ayuda de un cuadro de diálogo:

1. Seleccionar la celda donde se desea escribir la función.
2. Seleccionar la ficha Fórmulas y hacer clic en **Insertar función** en el grupo Biblioteca de funciones o hacer clic en el icono **Insertar función** (📻) de la barra de fórmulas para abrir el cuadro de diálogo Insertar función.
3. Describir de forma clara el tipo de operación deseado en el cuadro de texto Buscar una función y hacer clic en **Ir**.
4. Seleccionar la función en el cuadro de lista inferior. Debajo de este cuadro aparece una breve descripción de la función seleccionada actualmente.
5. Hacer clic en **Aceptar**. Aparecerá el cuadro de diálogo Argumentos de función.
6. Escribir cada uno de los argumentos o hacer clic en el botón (📻) para seleccionar celdas directamente en la hoja.
7. Pulsar **Aceptar** para que Excel inserte la función con los argumentos indicados.

Corregir fórmulas

Excel dispone de varias herramientas para comprobar y corregir las fórmulas. Todas ellas se encuentran en la ficha Fórmulas dentro del grupo Auditoría de fórmulas. Dentro de este grupo se encuentran, entre otras, las siguientes opciones:

- **Rastrear precedentes:** Muestra flechas que señalan las celdas que afectan al valor de la celda seleccionada actualmente.
- **Rastrear dependientes:** Muestra flechas que señalan las celdas afectadas por el valor de la celda seleccionada actualmente.
- **Rastreo de fórmulas:** Permite rastrear las relaciones entre celdas y fórmulas.
- **Evaluar fórmula:** Evalúa una fórmula con ayuda de un cuadro de diálogo.
- **Mostrar fórmulas:** Permite ver las fórmulas de cada celda en lugar de su valor.
- **Comprobación de errores:** Busca errores comunes en las fórmulas.

El Euro en Office Excel

Office Excel incluye la herramienta de conversión de Euro que permite realizar operaciones de cambio monetario entre todas las monedas antiguas de los países que hoy conforman la zona Euro. Para ejecutar esta herramienta, primero se debe instalar siguiendo estos pasos:

1. Hacer clic en el **Botón de Office** (🔵) y, posteriormente, en el botón **Opciones de Excel**.

2. Seleccionar la categoría **Complementos** y, en el cuadro de lista Administrar, seleccionar Complementos de Excel y hacer clic en **Ir**.

3. Seleccionar la casilla Herramientas para Euro en la lista Complementos y hacer clic en **Aceptar**.

4. Si es necesario, seguir las instrucciones del programa de instalación.

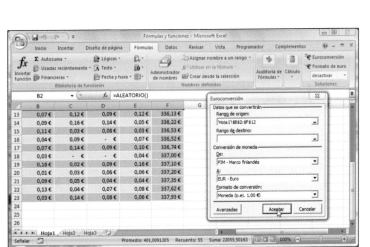

Para utilizar la herramienta de conversión del Euro:

1. Hacer clic en el botón **Euroconversión** del grupo Soluciones en la ficha Fórmulas para abrir el Asistente de conversión a Euros.

2. Seleccionar el rango de origen, el rango de destino y las monedas de conversión.

3. Hacer clic en **Aceptar** para ejecutar la conversión.

 Para aplicar el formato de euro rápidamente a una selección, haga clic en el botón **Formato de euro** de la ficha Fórmulas en el grupo Soluciones.

Crear y modificar gráficos

Los gráficos permiten apreciar la relación entre los distintos datos con mayor facilidad. Para crear un gráfico rápidamente:

1. Seleccionar el rango de datos con los que se desea crear el gráfico.

2. Hacer clic en una de las opciones presentadas por el grupo **Gráficos** dentro de la ficha **Insertar** y seleccionar una de las opciones de gráfico de la lista.

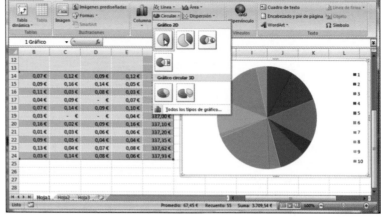

3. El gráfico se insertará en la misma página de los datos seleccionados.

Para crear otros gráficos:

1. Seleccionar el rango de datos con los que desea crear el gráfico.

2. Hacer clic en el botón iniciador del cuadro de diálogo **Insertar gráfico** del grupo **Gráficos** de la ficha **Insertar**.

3. Seleccionar uno de los gráficos ofrecidos y hacer clic en **Aceptar**.

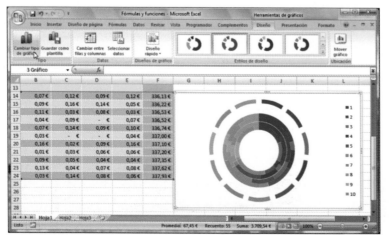

Para modificar un gráfico existente:

1. Seleccionar el gráfico que desee modificar.

2. Seleccione la opción apropiada ofrecida por los distintos grupos de la ficha **Diseño** de Herramientas de gráficos.

Formato de celda

Excel puede aplicar una serie de formatos a las celdas:

1. Aplicar directamente algún formato con las opciones de la ficha Inicio.

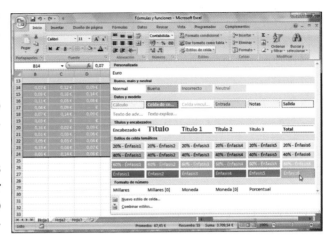

O bien:

1. Seleccionar la celda o el rango de celdas cuyo formato se desea aplicar.

2. Seleccionar Formato de celdas del menú contextual para abrir el cuadro de diálogo Formato de celdas, que está compuesto por seis fichas:

- Número: Permite elegir un formato específico para el valor introducido en la celda. Configurar las opciones adicionales según la categoría elegida.

- Alineación: Permite configurar varias opciones referentes al texto que se visualizará en la celda (el valor contenido en la celda no tiene por qué ser texto).

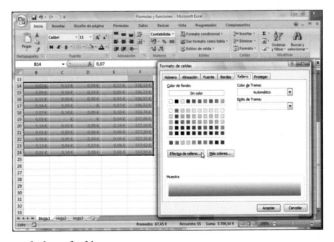

- Fuente: Permite elegir el tipo de letra y demás formatos que le son propios, como estilo, tamaño o color.

- Bordes: En esta ficha se pueden aplicar bordes a cada lado de la celda y escoger el tipo de línea.

- Relleno: Permite aplicar un color y una trama para el fondo de la celda.

- Proteger: Aquí se puede decidir entre bloquear u ocultar la celda para evitar su modificación.

Si la hoja está protegida, es posible que no pueda modificar el formato de las celdas o de otros elementos de la hoja.

Formato de columnas y filas

1. Seleccionar un rango que contenga las filas o las columnas cuyo formato se desea modificar.

2. Hacer clic en el botón **Formato** que se encuentra en el grupo Celdas de la ficha Inicio y seleccionar alguna de las opciones del menú.

   Entre otras, las opciones posibles son:

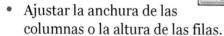

- Ajustar la anchura de las columnas o la altura de las filas.
- Determinar el ancho estándar de todas las columnas de la hoja.
- Ocultar o mostrar las columnas o las filas.

Para ajustar manualmente el ancho de una columna o la altura de una fila:

1. Situar el cursor en la línea derecha o en la línea inferior del indicador de la columna o de la fila, respectivamente, cuya dimensión se desea modificar.

2. Arrastrar con el ratón dicha línea.

Formato de la hoja

Los formatos que se pueden aplicar a una hoja son:

- Cambiar el nombre de la hoja.
- Color de la etiqueta de la hoja.
- Mostrar y ocultar hojas.
- Mover o copiar hojas.
- Proteger o bloquear hojas.

Para aplicar un formato:

1. Seleccionar las hojas cuyo formato se desea modificar.

2. Elegir alguna de las opciones del menú del botón **Formato** o del menú contextual.

Aplicar una imagen para el fondo de una hoja

1. Seleccionar la hoja a la que se desea aplicar un fondo.

2. Hacer clic en el botón **Fondo** que se encuentra en el grupo Configurar página de la ficha Diseño de página.

3. Buscar un archivo en el cuadro de diálogo Fondo de hoja y hacer clic en **Insertar**.

Organizar vistas de ventanas y dividir pantalla

Para mostrar en el área de trabajo de la aplicación todas las ventanas correspondientes a los libros actualmente abiertos:

1. Hacer clic en la flecha del botón **Organizar todo** en el grupo Ventana de la ficha Vista.

2. Seleccionar un tipo de organización y hacer clic en **Aceptar**.

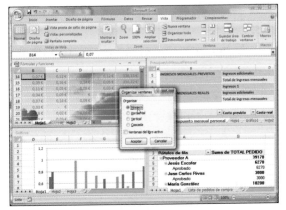

Para dividir la hoja de cálculo actual en dos o cuatro ventanas desde las que poder trabajar sobre distintas partes de la misma hoja:

1. Hacer clic en el botón **Dividir** (🔲) en el grupo Ventana de la ficha Vista. La hoja se dividirá en dos ventanas.

O bien:

1. Hacer doble clic en el cuadro de división situado sobre la barra de desplazamiento vertical para realizar una división horizontal.

2. Para hacer una división en vertical, hacer doble clic en el cuadro de división situado a la derecha de la barra de desplazamiento horizontal.

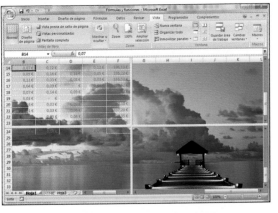

Capítulo 4
Microsoft
Office Outlook

Ventana de Outlook

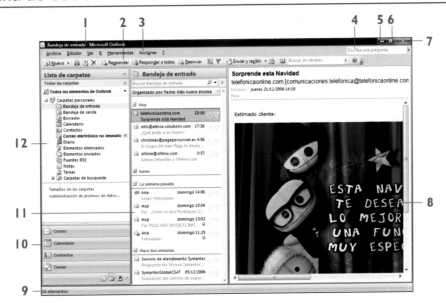

1.	Barra de título	7. Botón Cerrar
2.	Barra de herramientas Estándar	8. Panel de lectura
3.	Barra de menús	9. Barra de estado
4.	Cuadro Escriba una pregunta	10. Panel de exploración
5.	Botón Minimizar	11. Bandeja de entrada
6.	Botón Restaurar-Maximizar	12. Lista de carpetas

Opciones de Outlook

Para configurar las opciones de Outlook, seleccionar Herramientas>Opciones. Este cuadro de diálogo incluye cinco fichas:

- **Preferencias:** Permite configurar una serie de opciones generales para distintos elementos de Outlook, como el calendario, las tareas, los contactos y notas, las búsquedas e indizaciones y la configuración de notificaciones y menajes del móvil.
- **Configuración de correo:** Se pueden agregar y modificar cuentas, así como controlar una serie de opciones relativas al correo electrónico.
- **Formato de correo:** Permite elegir el formato de los mensajes, ya sea de texto o HTML. Este último ofrece más posibilidades, como por ejemplo utilizar un fondo. También se puede configurar aquí las firmas en el correo.
- **Ortografía:** Opciones de corrección ortográfica, diccionarios personales e idioma.
- **Otros:** Ofrece opciones avanzadas de Outlook, como la instalación de complementos, además de configurar la opción Autoarchivar, o configurar los paneles de Outlook.

Carpetas de Office Outlook

Los distintos elementos de Outlook se almacenan en carpetas.
Para mostrar u ocultar la lista de carpetas:

1. Hacer clic en el botón **Lista de carpetas** (▢) situado en la esquina inferior izquierda del panel de exploración.

La lista de carpetas permite acceder directamente a la carpeta que se desee: Bandeja de entrada, Bandeja de salida, Calendario, Contactos, etc.
Para acceder a una carpeta determinada:

1. Hacer clic sobre la carpeta en la lista de carpetas que se desee.

Para crear carpetas nuevas:

1. Seleccionar Archivo>Carpeta>Nueva carpeta, hacer clic con el botón derecho sobre la lista de carpetas y seleccionar esta opción o pulsar **Control-Mayús-E**.

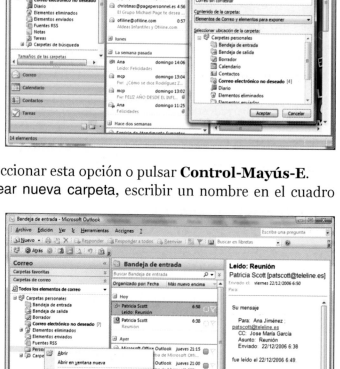

2. En el cuadro de diálogo Crear nueva carpeta, escribir un nombre en el cuadro Nombre.

3. Seleccionar en el cuadro de lista Contenido de la carpeta, el tipo de elementos que se incluirán en ella.

4. La nueva carpeta será subcarpeta de la carpeta seleccionada en la ventana Seleccionar ubicación de la carpeta.

5. Hacer clic en **Aceptar**.

Para eliminar una carpeta:

1. Seleccionar la carpeta en la lista de carpetas.

2. Hacer clic con el botón derecho del ratón y seleccionar Eliminar [carpeta].

El panel de exploración

El panel de exploración es una herramienta de Outlook que permite desplazarse desde una ubicación centralizada a cualquiera de las utilidades de Office Outlook. Para mostrar los accesos directos de un grupo:

1. Hacer clic en el botón **Accesos directos** ( ) situado en la parte inferior del panel de exploración.

Este panel permite agregar un nuevo grupo de contactos o un acceso directo, así como acceder directamente a Outlook para hoy y Microsoft Office Online. Para agregar un nuevo grupo:

1. Elegir Agregar nuevo grupo dentro de la ficha Contactos.

2. Escribir un nombre para el grupo y pulsar **Intro**.

Para quitar un grupo o cambiar su nombre:

1. Hacer clic con el botón derecho sobre el encabezado del grupo.

2. Elegir Quitar grupo o Cambiar nombre de grupo.

Para agregar un acceso directo en un grupo:

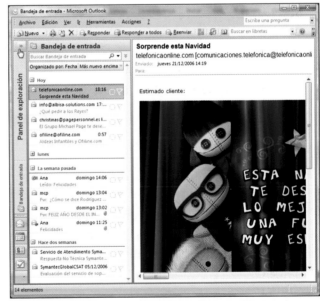

1. Elegir Agregar nuevo acceso directo en el panel. Se abrirá el cuadro de diálogo Agregar al panel de exploración.

2. En el cuadro de lista desplegable Nombre de carpeta, seleccionar alguna de las carpetas ofrecidas.

El panel de exploración se puede minimizar y maximizar. Para minimizarlo, hacer clic en el botón **Minimizar panel de exploración** ( ). Para maximizarlo, hacer clic en el botón **Expandir el panel de exploración** ( ) en la parte superior del panel minimizado.

Outlook para hoy

La carpeta Outlook para hoy muestra el calendario, las tareas pendientes en el día y el estado del correo electrónico. Desde esta vista se puede acceder directamente a las carpetas Calendario, Tareas y Mensajes. Para abrir la vista Outlook para hoy:

1. Seleccionar Ver>Barras de herramientas>Avanzadas.

2. Hacer clic en el botón **Outlook para hoy** ( ).

Para configurar el aspecto y los elementos de Outlook para hoy:

1. Hacer clic en el enlace Personalizar Outlook para hoy que se encuentra en la parte superior de la ventana.

2. Configurar las siguientes secciones y hacer clic en Guardar cambios. Si no desea aplicar los cambios, haga clic en Cancelar.

En la vista de Outlook para hoy se mostrarán las opciones de configuración siguientes:

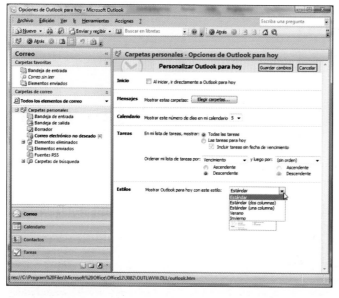

- Inicio: Permite mostrar la vista Outlook para hoy al iniciar este programa.
- Mensajes: Seleccionar las carpetas que se mostrarán.
- Calendario: Seleccionar el número de días que se mostrarán en las carpetas.
- Tareas: Elegir las tareas que se mostrarán y el orden en el que lo harán.
- Estilos: Permite elegir una apariencia para la vista.

Configurar cuentas de correo

Para agregar una cuenta de correo electrónico:

1. Seleccionar Herramientas>Configuración de la cuenta.

2. Hacer clic en el botón **Nuevo**, situado en la ficha Correo electrónico del cuadro de diálogo Configuración de la cuenta.

3. En la primera página del asistente, seleccionar el botón de opción Microsoft Exchange, POP3, IMAP o HTTP y hacer clic en **Siguiente**.

4. Configurar los datos necesarios según el tipo de cuenta elegida y hacer clic en **Siguiente**.

5. Hacer clic en **Finalizar**.

Para modificar las cuentas de correo existentes:

1. Seleccionar Herramientas>Configuración de la cuenta y hacer clic en la cuenta que se desea cambiar.

2. Hacer clic en el botón **Cambiar**.

3. En el cuadro de diálogo Cambiar cuenta de correo electrónico, realizar los cambios deseados.

4. Para probar la conexión, hacer clic en **Probar configuración de la cuenta**. Cuando haya terminado, haga clic en **Cerrar**.

5. Haga clic en **Siguiente** y, posteriormente, en **Finalizar**.

Para quitar una cuenta, seleccionarla en el cuadro de diálogo **Configuración de la cuenta** y hacer clic en **Quitar**.

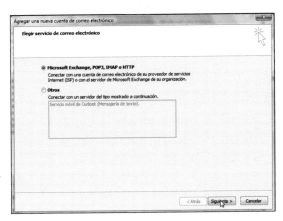

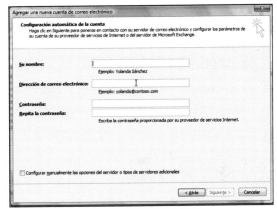

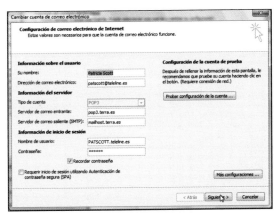

Leer mensajes

Para recibir mensajes de correo de todas las cuentas:

1. Hacer clic en el botón **Enviar y recibir** de la barra de herramientas Estándar o pulsar **F9**.

Para recibir los mensajes de una cuenta determinada:

1. Elegir la cuenta deseada en el menú Herramientas>Enviar y recibir>Sólo [la cuenta activa]. Esta opción le permite descargar los mensajes o los encabezados en la Bandeja de entrada, así como los encabezados que se hayan seleccionado para su descarga. Los mensajes entrantes aparecen en la Bandeja de entrada.

Para seleccionar y leer un mensaje:

1. Utilizar la barra de desplazamiento para mostrar el mensaje en la pantalla. Hacer clic sobre él en la lista.

2. En el panel lectura aparecerá el cuerpo del mensaje. Utilizar las barras de desplazamiento para ver todo su contenido.

3. Para abrir un mensaje en una ventana propia, hacer doble clic sobre el mensaje deseado dentro de la lista.

Para buscar un mensaje:

1. Escribir en el cuadro Buscar Bandeja de entrada que se encuentra en la parte superior de la lista de mensajes, la palabra clave de búsqueda y pulsar **Intro**.

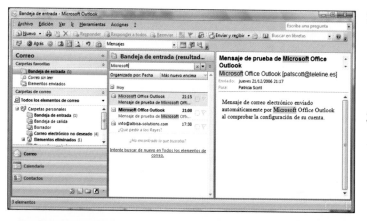

2. Para realizar una búsqueda en otra ubicación, hacer clic en la flecha desplegable y seleccionar una opción.

3. Para detallar aún más la búsqueda, hacer clic en el botón **Expandir el generador de consultas** (⩔) y escribir los datos deseados.

El panel de lectura

El panel de lectura de Office Outlook sustituye al panel de vista previa de anteriores versiones de Outlook. Está diseñado para que la lectura de mensajes de correo electrónico y su administración resulte mucho más sencilla y cómoda, aunque no se abra el mensaje en una ventana independiente.

De forma predeterminada, este panel se sitúa en la parte derecha de la ventana de Outlook. Para modificar la posición del panel de lectura:

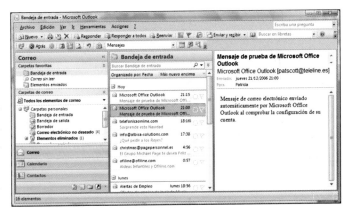

1. Seleccionar la opción que se desee en el submenú de la opción Panel de lectura del menú Ver.

Para configurar algunas opciones del panel de lectura:

1. Seleccionar Herramientas> Opciones.

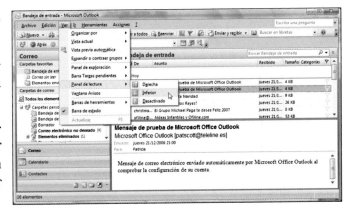

2. En el cuadro de diálogo Opciones, seleccionar la ficha Otros.

3. Hacer clic en el botón **Panel de lectura**, seleccionar las opciones que se deseen aplicar y, por último, hacer clic en **Aceptar**.

Para obtener una vista previa del mensaje de forma automática:

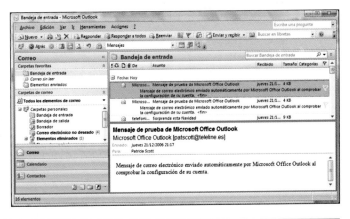

1. Seleccionar Ver>Vista previa automática. Se mostrará una vista previa del mensaje en la lista de mensajes.

Disposiciones de organización

Outlook 2007 incluye hasta 13 diferentes posibilidades para mostrar los mensajes. Para seleccionar cualquiera de ellas, basta con hacer clic en el encabezado **Organizado por** y, a continuación, seleccionar la disposición que se desee aplicar. Una vez seleccionada la organización, es posible

seleccionar opciones de ordenación adicionales a la derecha del encabezado de columna **Organizado por**.

Organizar por conversación

Si recibe una gran cantidad de correo electrónico, ahora puede agruparlos en conversaciones de modo que resulte mucho más sencillo buscar y dar respuesta a conversaciones o series de correo electrónico en los que participen los mismos remitentes y destinatarios.

Para ello, debe seguir los pasos anteriores y seleccionar **Conversación**. Una vez filtrados los mensajes, los botones (**Más nuevo encima**) y (**Más antiguo encima**) que se encuentran junto al encabezado **Organizado por**, permite organizar los mensajes automáticamente por fechas.

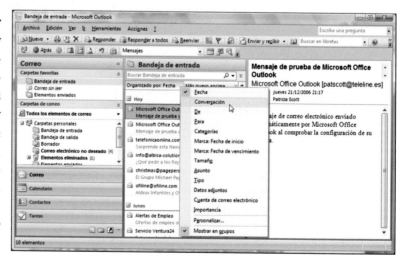

Escribir mensajes

Una vez leído un mensaje, mediante la barra de herramientas se puede:

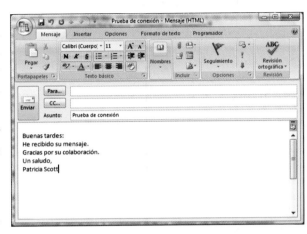

- Hacer clic en (Responder) para redactar un mensaje de respuesta dirigido al remitente o en (Responder a todos) para enviar la respuesta a todos los incluidos en el mensaje original.

- Hacer clic en (Reenviar) para enviar un mensaje con el mismo cuerpo dirigido a otras personas.

Para redactar un mensaje nuevo:

1. Hacer clic en el botón **Nuevo**, seleccionar Acciones>Nuevo mensaje o pulsar **Control-U**.

2. En el campo Para, indicar el destinatario del mensaje. En el campo CC, indicar otros destinatarios a los que se puede enviar una copia del mensaje.

3. Para enviar un mensaje a un destinatario guardado en la lista de contactos, hacer clic en los botones Para o CC. Aparecerá el cuadro de diálogo Seleccionar nombres.

4. En el cuadro de diálogo Seleccionar nombres, seleccionar el contacto y hacer clic en el botón correspondiente al campo al que se desea agregar. El campo CCO envía una copia del mensaje sin indicar el nombre del destinatario original en el encabezado.

5. Hacer clic en **Aceptar** para salir del cuadro de diálogo después de agregar los destinatarios deseados.

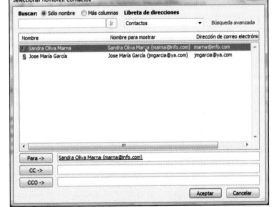

6. Escribir en el campo Asunto una breve descripción del mensaje.

7. En la ventana inferior redactar el cuerpo del mensaje.

8. Hacer clic en el botón **Enviar** para enviar el mensaje con la cuenta de correo predeterminada.

Personalizar el correo electrónico

Para configurar las opciones generales del correo electrónico:

1. Seleccionar Herramientas> Opciones.

2. Acceder a la ficha Configuración de correo.

3. Realizar las modificaciones deseadas.

4. Cambiar a la ficha Formato de correo.

5. Decidir el formato y editor para los mensajes, establecer un fondo o una firma.

6. Hacer clic en **Aceptar**.

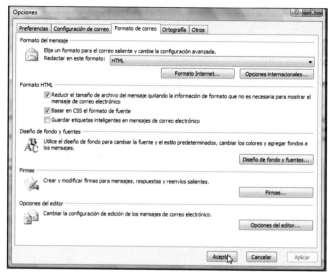

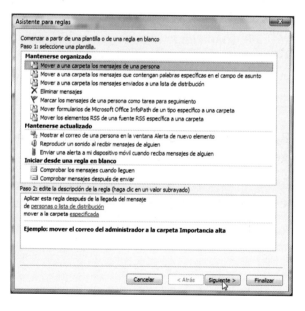

Para gestionar el correo de forma automática:

1. Haga clic en el botón **Reglas y alertas** () de la barra de herramientas Avanzadas.

2. En la ficha Reglas de correo electrónico, haga clic en **Nueva regla**.

3. Siga los pasos del Asistente para reglas y haga clic en **Siguiente** y, posteriormente, en **Finalizar**.

4. Hacer clic en el encabezamiento de una columna para ordenar los mensajes en función de una columna concreta.

Nota Para establecer las alertas, hacer clic en la ficha Administrar alertas, seguir los pasos indicados y hacer clic en **Aceptar**.

Imprimir mensajes de correo

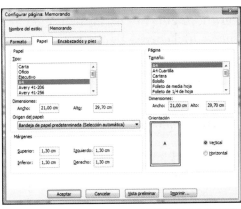

1. Seleccionar el mensaje o mensajes para imprimir en la lista de mensajes de la carpeta deseada.
2. Elegir Archivo>Configurar página>Memorando.
3. Configurar las opciones de este cuadro de diálogo. Definir, por ejemplo, el tamaño de la página o los encabezados y pies.
4. Hacer clic en **Vista preliminar** para ver el aspecto del documento antes de imprimir.
5. Hacer clic en el botón **Imprimir**.
6. En el cuadro de lista desplegable Nombre, seleccionar la impresora con la que imprimir el documento.
7. Hacer clic en **Propiedades** para configurar las opciones de la impresora seleccionada si fuera necesario.
8. En la sección Estilo de impresión, seleccionar Memorando y hacer clic en **Aceptar**.

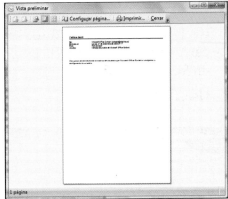

Mensajería instantánea

Outlook 2007, al igual que la versión XP, es compatible con la mensajería instantánea a través de Microsoft MSN Messenger y de Microsoft Exchange.

Para que se muestren los contactos conectados en la vista de correo de Outlook:

1. Seleccionar Herramientas>Opciones.
2. Acceder a la ficha Otros.
3. En la sección Nombres de persona, seleccione la opción **Mostrar el estado de conexión junto al nombre de la persona**.
4. Hacer clic en **Aceptar**.

Los contactos que se muestren conectados se visualizarán según el sistema de símbolos típico de MSN Messenger.

Filtro de correo no deseado

El filtro de correo no deseado de Outlook 2007 está diseñado para impedir que lleguen a la Bandeja de entrada muchos de los mensajes de correo no deseados que se reciben en la actualidad. De forma predetermi-nada, este filtro detecta los mensajes no deseados en función de su contenido y los mueve a la carpeta Correo electrónico no deseado. Para configurar las opciones de este filtro:

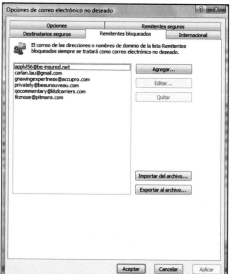

1. Seleccionar Acciones>Correo electrónico no deseado>Opciones para el correo no deseado.

2. Las fichas de este cuadro de diálogo permiten configurar el nivel del filtro, así como agregar remitentes y destinatarios a listas de usuarios que se consideran como seguros o que se bloquean en función de las preferencias del usuario.

Cuando se recibe o envía un mensaje de correo electrónico, es posible agregar el remitente o destinatario a la lista de usuarios seguros o bloqueados. Para ello:

1. Seleccionar el mensaje y hacer clic con el botón derecho del ratón.

2. Seleccionar la opción deseada del menú contextual.

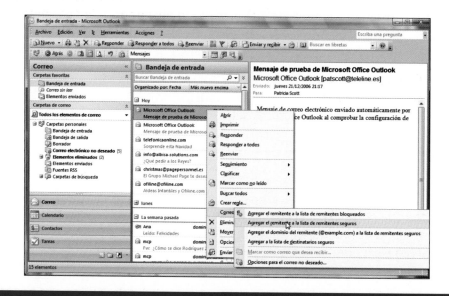

Marcas rápidas

Las marcas facilitan el seguimiento de una serie de mensajes o conversación. Para asignar una marca de clic rápido a un mensaje, basta con seleccionar **Establecer clic rápido** del menú contextual que se abre al hacer clic sobre un mensaje o contacto y seleccionar la marca deseada. Los distintos colores de las marcas permiten

conocer rápidamente la importancia de un mensaje, su procedencia, etc.

Para acceder a las marcas, también se puede hacer clic en el botón **Clasificar** (▦) o en el botón **Seguimiento** (▼) de la barra de herramientas estándar y seleccionar rápidamente una marca.

Alertas de escritorio

Office Outlook 2007 permite mostrar alertas en el escritorio cuando se reciba un mensaje de correo electrónico nuevo. Junto con esta alerta, se muestra también el nombre del remitente, el asunto y una breve vista previa del texto. De esta forma, podemos determinar su urgencia y leerlo inmediatamente o posponer su lectura para más adelante. Para activar las alertas de escritorio:

1. Hacer clic con el botón **Seguimiento** (▼) de la barra de herramientas Estándar que se muestra en la barra de tareas de Windows.

2. Seleccionar Mostrar alerta de correo nuevo en el escritorio.

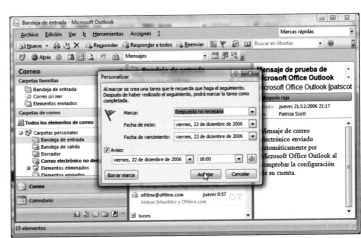

Añadir contactos nuevos

Para añadir contactos nuevos:

1. Desde **Contactos**, hacer clic en el botón **Nuevo**.

2. Escribir datos de carácter general como el nombre, la dirección, los teléfonos y el correo electrónico. Hacer clic en uno de los botones con nombre o en un botón de flecha desplegable para seleccionar otros elementos que no aparecen en pantalla. Por ejemplo, puede hacerse clic en el botón Nombre para añadir un segundo nombre o un tratamiento.

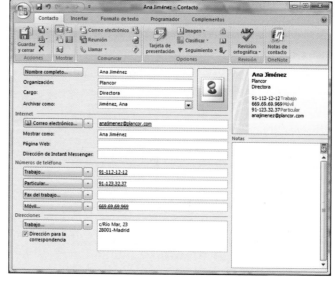

3. Hacer clic en el botón **Detalles** (🗄) del grupo Mostrar en la ficha Contacto para editar detalles del contacto.

4. Hacer clic en el botón **Actividades** (🗄) del mismo grupo para rastrear otras actividades de Outlook que hacen referencia a este contacto.

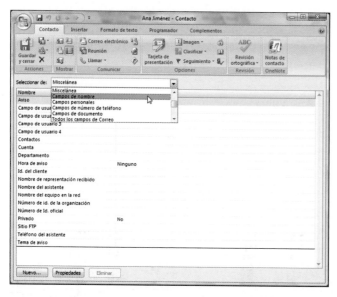

5. Hacer clic en el botón **Certificados** (🗄) para mostrar la página de certificados del contacto.

6. Hacer clic en **Todos los campos** (🗐) para configurar el contacto en forma de tabla.

7. Hacer clic en el botón **Guardar y cerrar** del grupo Acciones en la ficha Contacto para guardar el contacto y cerrar los contactos, o hacer clic en el botón **Guardar y nuevo** (🗄▾) para cerrar el contacto y crear uno nuevo.

Abrir y modificar contactos

Para obtener la vista de la carpeta Contactos:

1. Seleccionar Ir>Contactos de la barra de herramientas Estándar.

O bien:

1. En el panel de exploración, hacer clic en Contactos.

Para eliminar contactos:

1. Seleccionar los contactos que se deseen eliminar de la lista.

2. Pulsar **Supr**, hacer clic en el botón **Cerrar** (×) de la barra de herramientas Estándar o seleccionar Eliminar del menú contextual.

Para modificar un contacto:

1. Hacer doble clic sobre el contacto en la lista, o seleccionar Abrir en el menú contextual correspondiente.

2. Realizar los cambios deseados en cada una de las fichas que guardan la información del contacto.

3. Guardar las modificaciones.

Para llamar al contacto telefónicamente, hacer clic en el contacto dentro de Contactos y, posteriormente, en el botón **Marcar** (📞▾) de la barra de herramientas Estándar.

Crear citas, reuniones y eventos

El calendario permite programar fácilmente citas y reuniones. Para ello:

1. Seleccionar Archivo>Nuevo>Convocatoria de reunión o pulsar Control-Mayús-Q.

2. Utilizar los grupos siguientes para establecer una cita o programar una reunión:

- Hacer clic en el botón **Cita** del grupo Mostrar para establecer una cita.

- Hacer clic en botón **Programación** del grupo Mostrar para ver las horas libres y ocupadas que le ayuden a programar la reunión.

- Hacer clic en el botón **Área de reuniones** del grupo Asistentes para crear un sitio Web de área de reuniones para compartir una agenda, documentos relacionados y hacer un seguimiento de los resultados.

- Hacer clic en el botón **Libreta de direcciones** () del grupo Asistentes para buscar nombres y teléfonos.

- Hacer clic en **Comprobar nombres** ( ) del grupo Asistentes para comprobar los nombres y direcciones de correo electrónico.

- Hacer clic en **Respuestas** ( ) del grupo Asistentes para solicitar respuestas o permitir una nueva propuesta de hora.

- Hacer clic en **Periodicidad** del grupo Opciones para establecer una periodicidad o editar la frecuencia.

3. Configurar el resto de opciones del cuadro de diálogo Reunión y hacer clic en **Enviar** para guardar la reunión y enviar el mensaje a los asistentes seleccionados.

4. En el cuadro de diálogo Aviso, seleccionar la opción deseada y hacer clic en el botón **Cerrar**.

5. Al recibir el mensaje de solicitud de asistencia, hacer clic en Calendario para gestionar la respuesta.

Asignar tareas

1. Seleccionar Archivo> Nuevo>Tarea o pulsar **Control-Mayús-T**.

2. Escribir en Asunto una breve descripción de la tarea y seleccionar la fecha de inicio y de vencimiento de la misma.

3. Hacer clic en el botón Detalles del grupo Mostrar para ver o editar la información secundaria de la tarea.

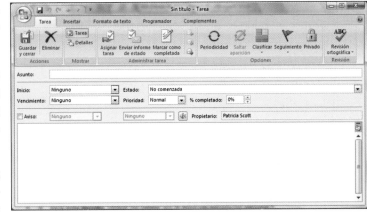

4. Hacer clic en el botón **Asignar tarea** del grupo Administrar tarea para asignar la tarea a otra persona y hacer clic en el botón **Para** con el fin de seleccionar los contactos a los que se desea asignar la tarea y hacer clic en **Aceptar**.

5. Si la tarea se va a repetir con cierta periodicidad, hacer clic en el botón **Periodicidad** del grupo Opciones y configurar las opciones del nuevo cuadro de diálogo.

6. Hacer clic en **Cancelar tarea** del grupo Administrar tarea para asignarse a uno mismo la tarea.

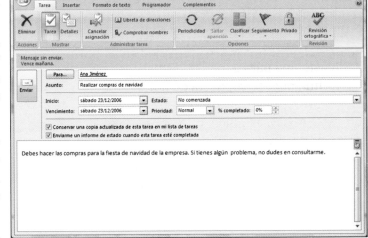

7. Hacer clic en **Enviar** para enviar la notificación de la tarea a los contactos elegidos.

 Seleccionar la casilla de verificación Aviso para que Outlook indique la tarea pendiente en el tiempo establecido.

Trabajar con el diario

En la carpeta Diario se realiza un seguimiento automático a lo largo del tiempo de las acciones que se deseen en los programas de Office y en otros elementos de Outlook. Para abrir y ver el diario:

1. Hacer clic en el botón **Diario** (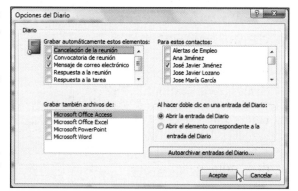) que se encuentra en la parte inferior del panel de exploración.

Para configurar los elementos que se agregarán automáticamente al diario:

1. Elegir Herramientas>Opciones.

2. Hacer clic en el botón **Opciones del Diario** en la sección Contactos y notas de la ficha Preferencias.

3. El cuadro de diálogo Opciones del Diario ofrece un conjunto de casillas en tres grupos. Activar las casillas de aquellos elementos de Outlook o programas de Office que se desee seguir. Activar también los contactos para los cuales se realizará el seguimiento de los elementos de Outlook.

4. Configurar el comportamiento del doble clic sobre un elemento del diario.

5. Hacer clic en **Aceptar**.

Para configurar una entrada manual en el diario:

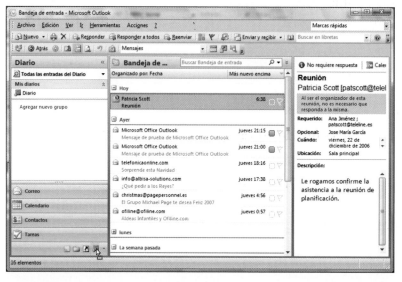

1. Arrastrar un elemento hasta el icono **Diario** ( ) del panel de exploración.

2. Configurar las opciones del elemento del diario.

3. Hacer clic en el botón **Guardar y cerrar**.

Crear y manejar notas

Las notas son pequeñas etiquetas que pueden mantenerse abiertas como recordatorio de algo. Para crear una nota:

1. Elegir Archivo>Nuevo>Nota o pulsar **Control-Mayús-N**.

2. Escribir el texto de la nota.

3. Modificar su posición y su tamaño como con cualquier ventana de aplicación de Windows.

4. Para configurar las opciones de la nota, hacer clic en su icono (✎).

5. Para cerrar la nota, hacer clic en su icono **Cerrar** (✕).

Para trabajar en la vista de notas:

1. Hacer clic en el icono **Notas** (🗒) en el panel de exploración.

2. Seleccionar la nota deseada.

3. Elegir alguna de las opciones de su menú contextual, como abrirla, eliminarla o imprimirla, entre otras.

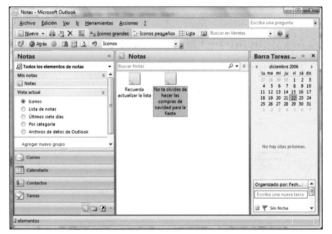

Para configurar las opciones generales de las notas:

1. Seleccionar Herramientas>Opciones.

2. Hacer clic en el botón **Opciones de notas** de la ficha Preferencias.

3. Seleccionar el color, el tamaño y el tipo de letra predeterminado para las notas.

4. Hacer clic en **Aceptar** dos veces.

Capítulo 5
Microsoft
Office Access

Elementos de la ventana

El diseño de la interfaz de Office Access es totalmente nuevo. En primer lugar, al abrir el programa, se presenta una ventana de Introducción desde donde se puede acceder fácilmente a una base de datos creada, crear una nueva base de datos en blanco o utilizar una de las plantillas presentadas. Al seleccionar una base de datos nueva o una plantilla y hacer clic en **Crear** para abrir el programa, se presenta la siguiente ventana con sus nuevos elementos:

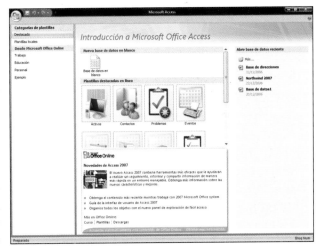

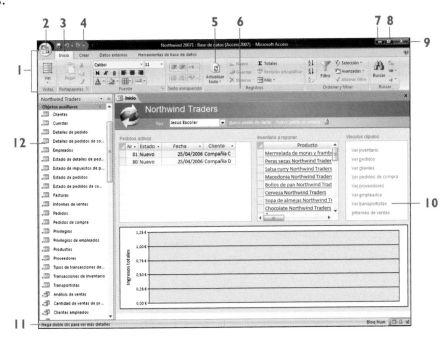

1.	Cinta de opciones	7.	Botón Minimizar
2.	Botón de Office	8.	Botón Restaurar-Maximizar
3.	Ficha de comandos	9.	Botón Cerrar
4.	Barra de acceso rápido	10.	Área de trabajo
5.	Comando	11.	Barra de estado
6.	Grupo de comandos	12.	Panel de exploración

Opciones, plantillas y asistentes

Access cuenta con un buen número de opciones, plantillas y asistentes que facilitan el desarrollo de determinadas acciones. Dichas opciones, plantillas y asistentes se encuentran dentro de la ficha **Crear** agrupadas en los siguientes grupos de comandos:

- Tablas: En este grupo se encuentran los comandos necesarios para crear una tabla. Para crear una nueva tabla vacía, hacer clic en **Tabla**. Para crear una nueva tabla basada en una plantilla, hacer clic en **Plantillas de tabla** y  seleccionar la opción deseada. Para crear una lista en un sitio de SharePoint y una tabla en la base de datos actual que vincula la lista creada recientemente, hacer clic en **Listas de SharePoint**.

- Formularios: Este grupo recoge diversas opciones para la creación de un formulario. Hacer clic en **Formulario** para crear un formulario que permite introducir información de un registro cada vez o hacer clic en **Otros formularios** (📄).

- Informes: Con ayuda de los comandos de este grupo, se pueden crear informes y etiquetas. Para crear un informe básico, hacer clic en **Informe**. Para crear un informe con ayuda de un asistente, hacer clic en **Asistente para informes**.

- Otros: En este grupo se puede hacer clic en **Asistente para consultas** para crear una consulta simple, y en **Diseño de consulta** para crear una consulta en blanco.

Access también incluye plantillas y asistentes para crear bases de datos completas orientadas a un determinado fin.

1. En la ventana de introducción, seleccionar una de las opciones disponibles en Categoría de plantillas.

2. En la sección de plantillas, seleccionar una de las plantillas mostradas haciendo clic en ella.

3. Hacer clic en **Crear** para crear la base de datos basada en la plantilla seleccionada.

Abrir una base de datos en blanco

Para abrir una base de datos en blanco en Access:

1. Hacer clic en el icono **Base de datos en blanco** en la ventana de introducción.

2. Hacer clic en **Crear**.

O bien:

1. Hacer clic en el **Botón de Office** (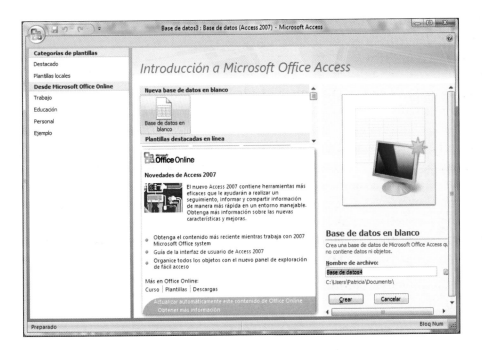) y seleccionar Nuevo. Se abrirá la ventana de introducción.

2. Seguir los pasos anteriores.

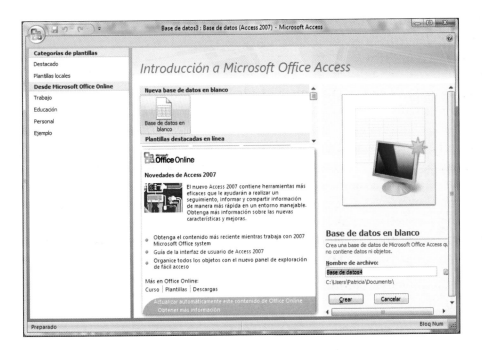

Guardar una base de datos en blanco

1. Hacer clic en el **Botón de Office** ( ), seleccionar Guardar como y hacer clic en Base de datos de Access 2007.

2. Escribir un nombre para la base de datos en el cuadro Nombre del archivo dentro del cuadro de diálogo Guardar como.

3. Hacer clic en **Guardar**.

Crear una tabla

En una tabla, cada registro (fila) agrupa una serie de datos, que son los distintos campos (columnas) de la tabla. Al abrir una base de datos en blanco, se crea automáticamente una tabla. Para añadir tablas en una base de datos existente:

1. Hacer clic en el botón **Tabla** del grupo Tablas dentro de la ficha Crear.

2. Se añadirán los siguientes elementos:

   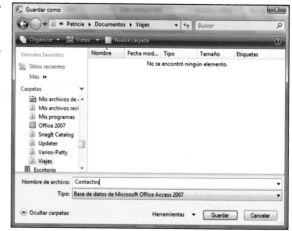

   - Un nombre predeterminado Tabla2 en el panel de exploración.

   - Una ficha de comandos contextual, Herramientas de tabla, ofreciendo comandos específicos para la tabla.

   - Una ficha Hojas de datos, dentro de Herramientas de tabla.

Para crear una nueva tabla importando datos externos:

1. Abrir la tabla a la que desea importar datos externos.

2. Hacer clic en uno de los orígenes de datos disponibles en el grupo Importar de la ficha Datos externos.

3. Abrir el archivo de datos externos haciendo clic en **Examinar...** y seleccionando el archivo.

4. Hacer clic en **Abrir** en el cuadro de diálogo Abrir archivo.

   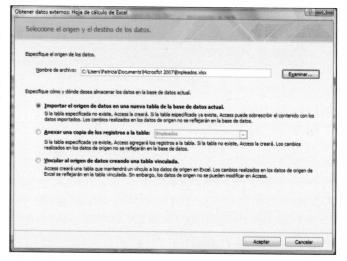

5. Especificar dónde se desean almacenar los datos y hacer clic en **Aceptar** en el cuadro de diálogo Obtener datos externos.

6. Seguir las instrucciones del asistente para la importación.

Modificar campos

Para modificar los campos de una tabla existente:

1. Abrir una base de datos y seleccionar la tabla cuyos campos se desea modificar.

2. Hacer clic en la flecha del botón **Ver** en el grupo Vistas de la ficha Diseño en Herramientas de tabla y seleccionar Vista Diseño.

3. Realizar todas las modificaciones deseadas.

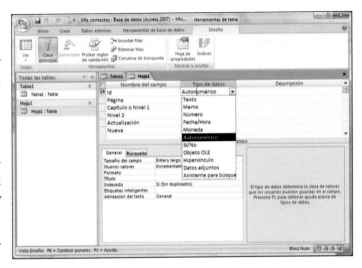

Agregar campos a una tabla

Para agregar campos a una tabla:

1. Hacer clic en el botón **Vista Hoja de datos** ( ) que se encuentra en la parte inferior derecha de la ventana.

2. Escribir los datos en la celda situada debajo de Agregar nuevo campo.

3. Tras crear el diseño, hacer clic en **Guardar** ( ).

4. En su caso, asignar un nombre a la tabla y hacer clic en **Aceptar** o simplemente cancelar o aceptar los cambios haciendo clic en **Cancelar** y en **Aceptar** respectivamente.

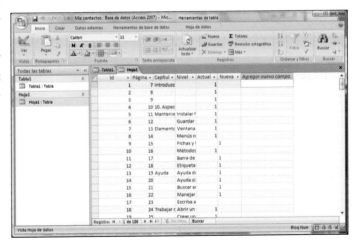

Introducir datos

Para introducir datos en una tabla:

1. Hacer doble clic sobre la tabla en la que se desean introducir datos.

2. Cambiar a la **Vista Hoja de datos** (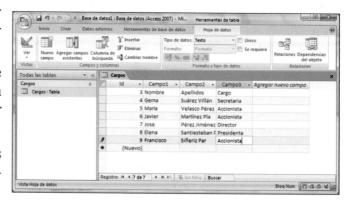), si se encuentra en otra vista para comenzar a introducir datos.

3. Introducir nuevos registros indicando los datos correspondientes a cada campo:

- En la primera fila vacía al final del último registro aparece un asterisco para indicar que los datos nuevos se incluirán a partir de ese punto.

- Una vez indicado un valor para un campo, pulsar **Intro** para saltar al siguiente campo del mismo registro.

- Si el dato indicado no es del tipo definido, Access mostrará una advertencia para informar de este hecho.

- Tras el último campo de un registro, pulsar **Intro** para rellenar el primer campo de un registro nuevo.

- Los campos de tipo autonumérico se rellenan solos. Pulsar directamente **Intro** para saltarlos.

- La casilla de verificación se utiliza en los campos de tipo lógico. Activar la casilla para indicar **Sí** y desactivarla para indicar **No**.

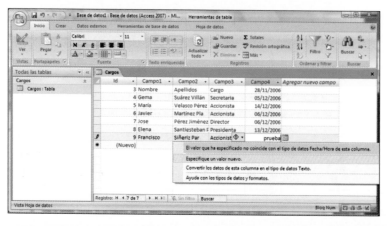

Desplazarse por la tabla

Para seleccionar un registro, hacer clic a la izquierda del mismo en la vista Hoja de datos. Para desplazarse entre los registros, utilizar la barra de controles de registro situados en la parte inferior de la ventana de la tabla.

- (⏮) Desplazarse hasta el primer registro.

- (◀) Desplazarse hasta el registro anterior.

- (▶) Desplazarse hasta el registro siguiente.

- (⏭) Desplazarse hasta el último registro.

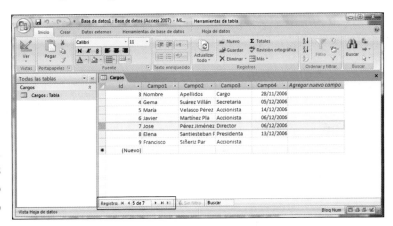

- (⏯) Crear registro.

O bien:

1. Utilizar las teclas del cursor u otras teclas de desplazamiento como **Tab**, **Inicio** o **AvPág**.

Modificar datos en la vista Diseño

En la vista Diseño, se pueden modificar todas las características de los registros de una tabla. Para utilizar la vista Diseño para modificar datos:

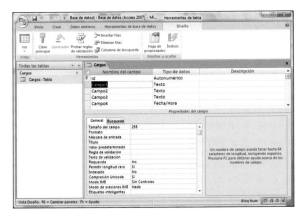

1. Hacer clic en el botón **Vista Diseño** (🔧) que se encuentra en la parte inferior derecha de la ventana.

2. Seleccionar el nombre del campo, tipo de datos o la descripción de un registro y modificar los datos.

3. Para modificar otros datos, seleccione la opción correspondiente en la ficha General que se encuentra en la parte inferior del área de trabajo.

Buscar y reemplazar datos

Si la tabla es muy extensa, la función de búsqueda rápida le permite encontrar un registro rápidamente:

1. Abrir la tabla en la que desea buscar.

2. Escribir la palabra que desea buscar en el cuadro **Buscar** que se encuentra en la parte inferior de la ventana, junto a los botones de desplazamiento de los registros.

3. Pulsar **Intro**.

Para reemplazar datos:

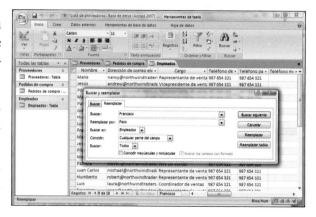

1. Hacer clic en el botón **Buscar** del grupo **Buscar** en la ficha **Inicio**. Aparecerá el cuadro de diálogo **Buscar y reemplazar**.

2. Seleccionar la ficha **Reemplazar**.

3. Escribir los datos de búsqueda en el cuadro **Buscar** y los datos de reemplazo en el cuadro **Reemplazar con**.

4. En el cuadro de lista **Buscar en**, indicar si se desea buscar en toda la tabla o sólo en el campo activo.

5. En **Coincidir**, indicar si el dato buscado se ajusta exactamente al indicado en el cuadro de texto **Buscar** o si bien comienza o incluye al texto allí escrito.

6. En el cuadro de lista **Buscar**, indicar la dirección de la búsqueda a partir del registro actual o si se ha de buscar en todos los registros.

7. Hacer clic en **Buscar siguiente** para buscar la siguiente coincidencia, en **Reemplazar** para reemplazar el dato encontrado con el dato escrito en el cuadro **Reemplazar con** o en **Reemplazar todo** para reemplazar todas las coincidencias del dato buscado con el dato de reemplazo.

8. Hacer clic en **Cancelar** para cancelar la búsqueda y reemplazo.

Ordenar y filtrar los datos

Para ordenar rápidamente la tabla en orden ascendente o en orden descendente:

1. Situar el cursor sobre cualquier dato correspondiente al campo que se desea ordenar.

2. Hacer clic en el botón **Orden ascendente** (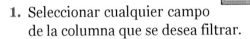) o en el botón **Orden descendente** (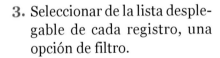) que se encuentran en el grupo Ordenar y filtrar de la ficha Inicio.

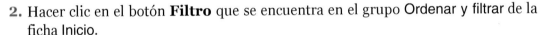

Para filtrar todos los registros de la tabla:

1. Seleccionar cualquier campo de la columna que se desea filtrar.

2. Hacer clic en el botón **Filtro** que se encuentra en el grupo Ordenar y filtrar de la ficha Inicio.

3. Seleccionar de la lista desplegable de cada registro, una opción de filtro.

Para filtrar los datos por selección:

1. Seleccionar cualquier dato sobre el que se desee filtrar.

2. Hacer clic en la flecha del botón **Selección** (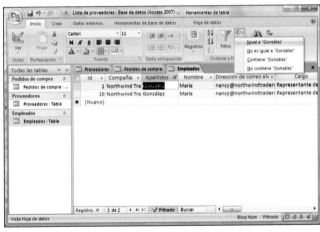) que se encuentra en el grupo Ordenar y filtrar de la ficha Inicio y seleccionar un criterio de filtrado.

Para quitar un filtro por selección:

1. Seleccionar un dato en una columna que tenga aplicado un filtro.

2. Hacer clic en el botón **Filtro** que se encuentra en el grupo Ordenar y filtrar de la ficha Inicio.

Formato de una tabla

Para modificar el formato de una tabla:

1. Abrir la tabla cuyo formato se desea modificar.

2. Seleccionar alguna de las opciones del subgrupo **Fuente** de la ficha Inicio.

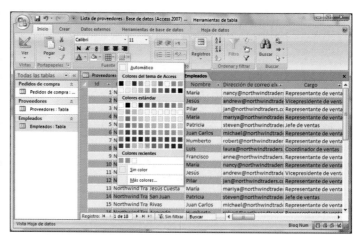

Para aplicar un formato a la hoja de datos:

1. Hacer clic en el iniciador del cuadro de diálogo **Formato de hoja de datos** del grupo Fuente en la ficha Inicio.

2. Seleccionar la opción deseada.

3. Hacer clic en **Aceptar**.

Para aplicar un color de fondo a las celdas, haga clic en el botón **Color de fondo o de relleno** (⊞▾) en el grupo Fuente de la ficha Inicio y seleccionar un color de fondo o de relleno.

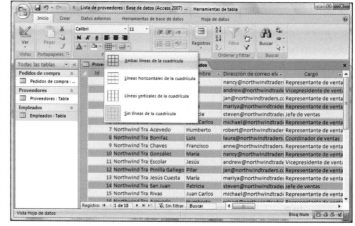

Para aplicar una cuadrícula, hacer clic en el botón **Líneas de división** (⊞) del mismo grupo y ficha y seleccionar la opción deseada.

Los formatos no se aplican a celdas determinadas, sino a toda la tabla, excepto en el caso de los formatos de las columnas, como por ejemplo su ancho o su nombre, que pueden definirse individualmente. Para modificar el ancho de columna o el alto de filas basta con arrastrar la línea de separación entre los selectores.

Exportar datos

Para exportar datos:

1. Abrir la tabla que se desea exportar.
2. Hacer clic en uno de los destinos de datos disponibles en el grupo Exportar de la ficha Datos externos.
3. Abrir el archivo de destino. Hacer clic en **Examinar** y seleccionar el archivo.
4. Hacer clic en **Guardar** en el cuadro de diálogo Guardar archivo.
5. Seleccionar las opciones deseadas y hacer clic en **Aceptar** en el cuadro de diálogo Exportar.

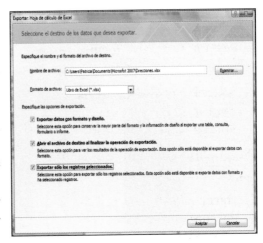

Relaciones entre tablas

Una base de datos puede estar compuesta por varias tablas relacionadas entre sí a través de campos comunes entre ellas. Para ver dichas relaciones:

1. Cerrar todas las tablas abiertas.

2. Hacer clic en el botón **Relaciones** que se encuentra en el grupo Mostrar u ocultar de la ficha Herramientas de base de datos.

3. Seleccionar las tablas cuyas relaciones se desea comprobar seleccionando las tablas en el cuadro de diálogo Mostrar tabla y haciendo clic en **Agregar** por cada una de las tablas.

4. Cerrar el cuadro de diálogo Mostrar tabla haciendo clic en **Cerrar**.

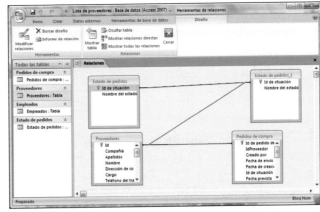

5. Con los controles de los grupos Herramientas y Relaciones de la ficha de formato contextual Herramientas de relaciones se puede, mostrar y ocultar tablas y consultas en la ventana, crear, eliminar, modificar relaciones entre tablas y consultas, borrar diseños y cerrar la ventana de relaciones.

Imprimir

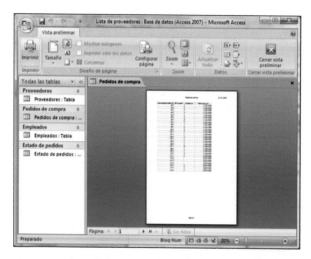

Para imprimir tablas:

1. Seleccionar la tabla que se desee imprimir.

2. Hacer clic en el **Botón de Office** ( ) y hacer clic en la flecha de Imprimir.

2. Seleccionar Vista preliminar para comprobar el aspecto que presentará el documento impreso.

3. Hacer clic en el botón **Imprimir** de la ficha Vista preliminar para configurar las opciones de impresión antes de imprimir.

> **Nota**
> Office Access puede imprimir todos los datos o sólo los registros seleccionados, entre otras opciones.

Vistas de tabla y de gráfico dinámico

Office Access, además de las vistas Diseño y Hoja de datos, incluye las vistas siguientes:

- Vista de Tabla dinámica.

- Vista de Gráfico dinámico.

Estas vistas facilitan la creación de tablas y gráficos dinámicos para comparar datos.

Para acceder a la vista Tabla dinámica, hacer clic en el botón ( ) y para acceder a la vista Gráfico dinámico, hacer clic en el botón ( ) que se encuentran en la parte inferior derecha de la ventana.

Asistente para consultas

Las consultas tienen la estructura de tabla cuyos datos se han obtenido de registros y campos ya existentes en otras tablas. Para crear una consulta con el asistente:

1. Hacer clic en el botón **Asistente para consultas** () en el grupo Otros de la ficha Crear.

2. Aparecerá la primera página del asistente. Seleccionar Asistente para consultas sencillas y hacer clic en **Aceptar**.

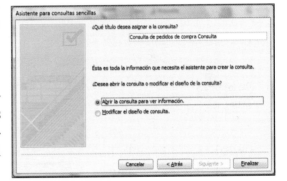

3. En el cuadro de lista desplegable Tablas/Consultas, seleccionar la tabla o la consulta sobre la que se desea crear una consulta. Hacer clic en (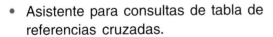) tras seleccionar en la lista inferior cada uno de los campos que se desean incluir en la consulta. Si se desea incluir más campos de otras tablas o consultas, seleccionarlos en el cuadro de lista desplegable y continuar el proceso.

4. Hacer clic en **Siguiente**. En esta nueva página, asignar un nombre a la consulta y optar por abrir la consulta o modificar su diseño.

5. Hacer clic en **Finalizar**.

Además del Asistente para consultas sencillas, Access incluye otros tres asistentes para consultas más específicas que puede seleccionar en la primera página del asistente para consultas:

- Asistente para consultas de tabla de referencias cruzadas.
- Asistente para búsqueda de duplicados.
- Asistente búsqueda de no coincidentes.

> **Nota:** En la parte izquierda de este cuadro de diálogo aparece una breve descripción de cada una de las opciones disponibles.

Diseñar una consulta

Para diseñar una consulta de selección desde el principio:

1. Hacer clic en el botón **Nuevo objeto: Consulta** (🔲) del grupo Otros en la ficha Crear.

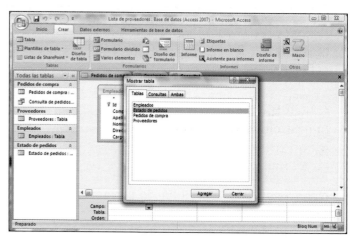

2. En el cuadro de diálogo Mostrar tabla, hacer clic en **Agregar** tras seleccionar cada una de las tablas o consultas de las que se vayan a tomar campos. Hacer clic en **Cerrar** para continuar con el siguiente paso.

3. La ventana de diseño de consultas se divide en dos partes. El panel superior muestra las tablas y consultas de las que se pueden extraer campos. El panel inferior permite el diseño en sí. Este último se divide en columnas que representan campos:

   • Indicar en los cuadros Campo y Tabla qué campo se desea incluir y a qué tabla o consulta pertenece.
   • Indicar un orden ascendente, descendente o no ordenar los datos.
   • Optar por mostrar o no dicha columna en la consulta.
   • Establecer criterios para incluir en la consulta tan sólo aquellos registros que cumplan los criterios señalados. Se pueden utilizar operadores de comparación y comodines.

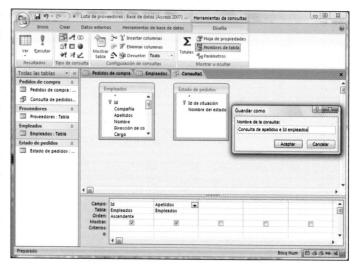

4. Hacer clic en el botón **Guardar** (🔲) de la barra de acceso rápido.

5. Escribir un nombre para la consulta y hacer clic en **Aceptar**.

Tipos de consulta

Existen cinco tipos principales de consultas:

- **Seleccionar:** Son las más habituales y permiten seleccionar determinados registros en función de una serie de criterios.

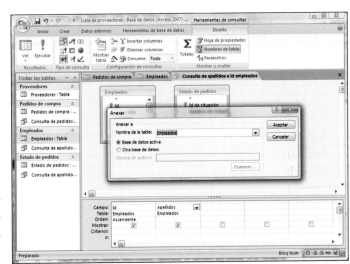

- **Crear tabla:** La consulta selecciona registros de la base de datos y los guarda en una nueva tabla.

- **Anexar:** Permiten modificar simultáneamente varios registros para agregarlos a una tabla existente.

- **Actualizar:** La consulta actualiza los datos en una tabla existente.

- **Referencias cruzadas:** La consulta muestra los datos de una forma compacta, creando un resumen según dos factores.

Todas estas opciones se encuentran disponibles en forma de botones en el grupo Tipo de consulta de la ficha Diseño en Herramientas de consulta, pero el método más flexible es utilizar la vista Diseño:

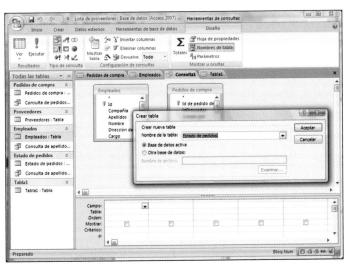

1. Dentro de la vista Diseño de una consulta, seleccionar alguna de las opciones que aparecen en el grupo Tipo de consulta de la ficha Diseño en Herramientas de consulta.

2. Según el tipo de consulta seleccionado, cambiarán las opciones a rellenar en la ventana de diseño y es posible que aparezca algún cuadro de diálogo.

Formularios automáticos y Asistente para formularios

Los formularios permiten trabajar con los datos de una tabla de una forma más cómoda. La forma más rápida consiste en crear un formulario automático:

1. Abrir la tabla o la consulta para la que se desea crear un formulario.

2. Hacer clic en el botón **Formulario** del grupo Formularios de la ficha Crear.

3. Se abre una ventana de formulario en la que se pueden modificar datos o añadir nuevos registros de forma rápida y cómoda.

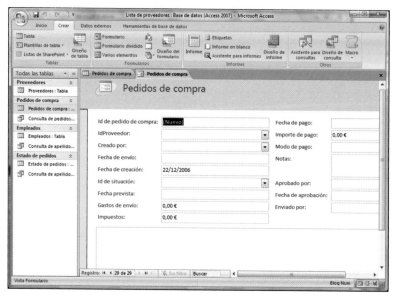

Para crear un formulario con ayuda del asistente:

1. Hacer clic en el botón **Informe** (⊞) y seleccionar Asistente para formularios.

2. En la primera página, indicar los campos que se desean incluir en el formulario. Hacer clic en **Siguiente**.

3. Indicar una distribución para los datos del formulario. Hacer clic en **Siguiente**.

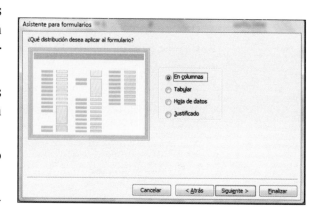

4. Elegir un estilo para el formulario y hacer clic en **Siguiente**.

5. Escribir un título para el formulario, seleccionar la opción apropiada y hacer clic en **Finalizar**.

Crear un formulario en vista Diseño

Sin duda, la forma más versátil de crear un nuevo formulario es desde la vista Diseño:

1. Hacer clic en el botón **Diseño de formulario** en el grupo Formularios de la ficha Crear.

2. Hacer clic en los diversos botones del grupo Controles en la ficha Diseño de Herramientas de diseño de formulario para crear manualmente su formulario, arrastrando el control tras hacer clic sobre él.

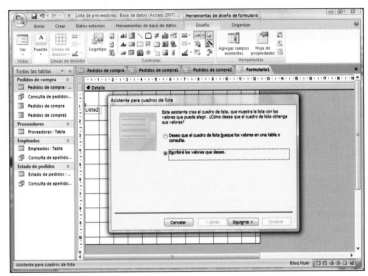

3. Seguir las instrucciones de los distintos asistentes para controles para diseñar el formulario.

4. Para abrir un encabezado de formulario, hacer clic sobre la cuadrícula de diseño con el botón derecho del ratón y seleccionar Encabezado de formulario.

5. La sección Detalle incluye los controles que permiten mostrar y seleccionar los datos de cada registro.

6. Para ver y modificar la propiedad de un control, hacer doble clic sobre él para abrir el panel Hoja de propiedades.

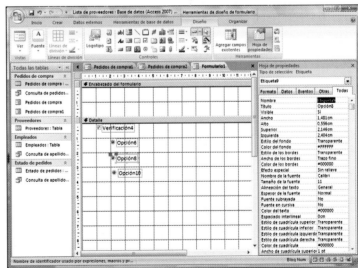

7. Una vez finalizado el diseño del formulario, hacer clic en su botón **Cerrar**.

8. Escribir un nombre para el formulario y hacer clic en **Aceptar**.

Operaciones con controles

Los controles permiten agregar etiquetas, cuadros de texto, grupos de opciones, botones de opción, imágenes, marcos para los objetos, líneas, rectángulos, fichas, saltos de página, botones de comando, cuadros de lista, cuadros combinados, casillas de verificación, etc. y todos ellos se encuentran dentro del grupo Controles en la ficha Diseño de Herramientas de diseño de formu-

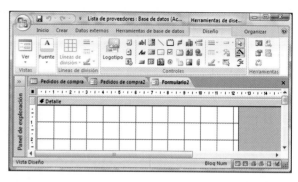

lario que se abre al hacer clic en el botón **Diseño de formulario** en el grupo Formularios de la ficha Crear. Para agregar un control al diseño:

1. Hacer clic sobre el botón del control en y después en la posición donde se desee agregar dentro de una sección determinada de la ventana de diseño.

La siguiente tabla recoge los controles utilizados con más frecuencia y su descripción:

Botón	Objeto que inserta
	Logotipo
	Cuadro de texto
	Etiqueta
	Botón
	Cuadro combinado
	Título
	Cuadro de lista
	Gráfico
	Marco de objeto independiente
	Grupo de opciones
	Casilla de verificación
	Botón de opción

Para modificar un control, hacer clic en él para abrir sus propiedades.

Informes automáticos y asistente para informes

Los informes son un tipo de objeto adicional proporcionado por Office Access con el que se puede crear un modelo de organización y presentación de los datos de una tabla o consulta para su impresión.

Para crear un informe automático:

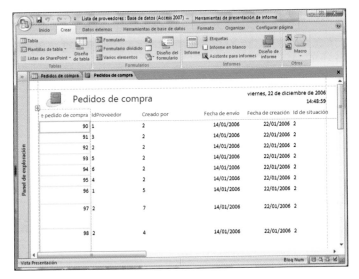

1. Abrir la tabla o la consulta para la que se desea crear un informe.

2. Hacer clic en el botón **Informe** del grupo Informes de la ficha Crear.

3. Se abre una ventana de informe en la que se pueden modificar datos o añadir nuevos registros de forma rápida y cómoda.

Para utilizar un asistente y para crear un informe con ayuda del asistente:

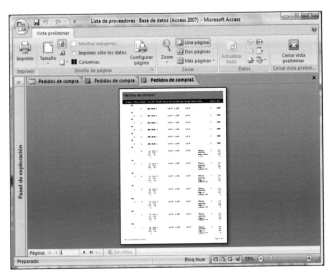

1. Hacer clic en el botón **Asistente para informes**.

2. En la primera página, indicar los campos que se desean incluir en el informe. Hacer clic en **Siguiente**.

3. Seleccionar un nivel de agrupamiento y haga clic en **Siguiente**.

4. Seguir el resto de pasos del asistente, seleccionar en la última página la opción de vista previa y pulsar **Finalizar**.

5. Hacer clic en el botón **Cerrar vista preliminar**.

Crear un informe

También es posible crear un informe desde el principio sin ayuda de los asistentes. La forma de diseñar un informe es prácticamente idéntica al modo de diseñar un formulario, antes explicado. Pero en este caso, el objetivo es obtener un documento que recoja la información de forma clara y ordenada.

1. Seleccionar una tabla o informe.

2. Hacer clic en el botón **Informe en blanco** del grupo Informes de la ficha **Crear**.

3. Si no se puede ver el informe, hacer clic en el botón **Ver** y seleccionar Vista Diseño.

4. Se abre la ventana de diseño del informe con un panel de lista controles a la derecha

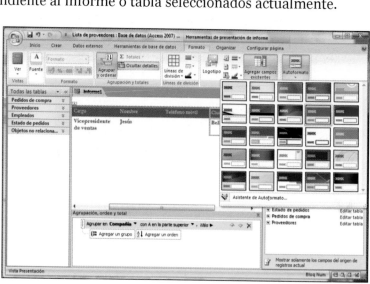

de la ventana correspondiente al informe o tabla seleccionados actualmente.

5. En la ventana de diseño del informe, incluir los objetos y controles que se consideren necesarios utilizando los botones de las fichas Formato, Organizar y Configurar página de las Herramientas de presentación de informe y haciendo doble clic en los elementos de la lista de controles para incluirlos en el diseño.

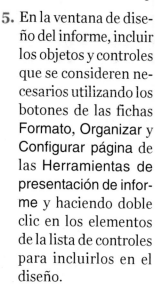

6. Dar formato al informe y configurar cada uno de los elementos incluidos en él.

Imprimir un informe

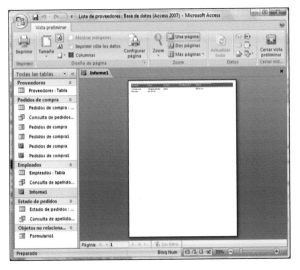

Una vez creado y guardado el informe, aparecerá en el panel de exploración.

1. Seleccionar el informe que se desea imprimir.

2. Hacer clic en el **Botón de Office** () y hacer clic en la flecha de Imprimir. Seleccionar Vista preliminar para observar el aspecto del documento antes de proceder a su impresión. La vista preliminar permite, entre otras opciones, observar el informe de distintas formas, modificar el formato de la página e incluso incluirlo en un documento de Word.

> **Nota** Si el aspecto del informe no es el deseado, hacer clic en el botón **Cerrar Vista Preliminar** y abrir la vista Diseño para modificarlo.

3. Para imprimir el documento directamente hacer clic en el botón **Imprimir**.

> **Nota** Para configurar la impresora también se puede utilizar el método abreviado **Control-P**.

4. Configurar la impresora y otras opciones como las páginas para imprimir o el número de copias.

5. Hacer clic en **Aceptar**.

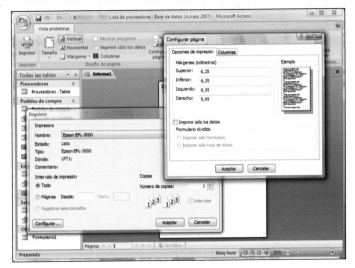

Cifrar con contraseña

Office Access 2007 incluye una opción de cifrado con contraseña para cifrar la apertura de la base de datos.
Para utilizar esta opción:

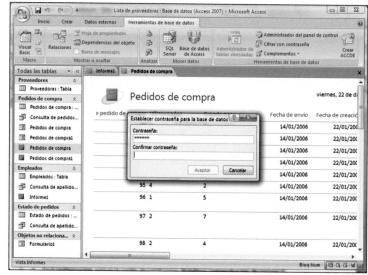

1. Hacer clic en el botón **Cifrar con contraseña** en el grupo Herramientas de base de datos en la ficha Herramientas de base de datos.

2. Escribir una contraseña.

3. Repetir la contraseña.

4. Hacer clic en **Aceptar**.

Analizador de rendimiento

Para mejorar el rendimiento de los datos incluidos en bases de datos y sus tablas, se puede utilizar el Analizador de rendimiento. Para ello:

1. Hacer clic en el botón **Analizar rendimiento** en el grupo Herramientas de base de datos de la ficha Herramientas de base de datos.

2. Seleccionar las tablas cuyo rendimiento se desea supervisar.

3. Hacer clic en **Aceptar**.

4. Se abre el Analizador de rendimiento con recomendaciones para mejorar el rendimiento.

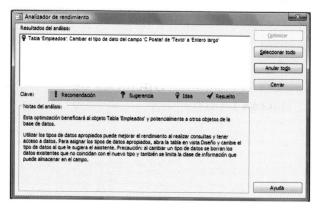

Habilitar y deshabilitar las alertas en la barra de mensajes

Para habilitar y deshabilitar las alertas en la barra de mensajes:

1. Hacer clic en el **Botón de Office** ( ) y, posteriormente, en **Opciones de Access**.

2. Seleccionar Centro de confianza, hacer clic en **Configuración del Centro de confianza** y, posteriormente, seleccionar Barra de mensajes.

3. Seleccionar las opciones deseadas.

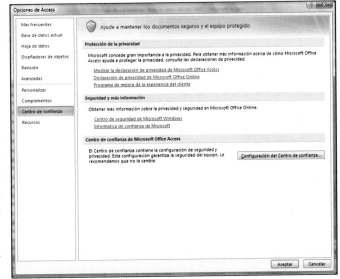

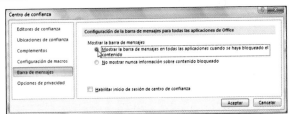

Configuración de macros

La opción de seguridad de macros permite habilitar o deshabilitar las macros. Para configurar las opciones:

1. Abrir el cuadro de **Opciones de Access** tal como hemos indicado anteriormente.

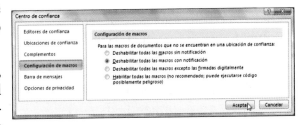

2. Seleccionar Centro de confianza, hacer clic en **Configuración del Centro de confianza** y posteriormente seleccionar Configuración de Macros.

3. Seleccionar las opciones deseadas y hacer clic en **Aceptar**.

Capítulo 6
Microsoft
Office Publisher

Ventanas de Office Publisher

Para llegar a la ventana de Publisher propiamente dicha, hay que realizar una serie de selecciones en las dos primeras ventanas de presentación.

* En la primera ventana, seleccionar un tipo de publicación de entre las presentadas, haciendo clic sobre el icono correspondiente.

* En la segunda ventana, seleccionar un tipo determinado de diseño de publicación.

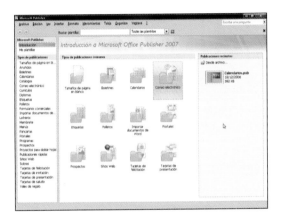 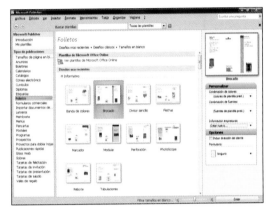

Se abre la ventana de Publisher con el tipo y diseño seleccionados anteriormente:

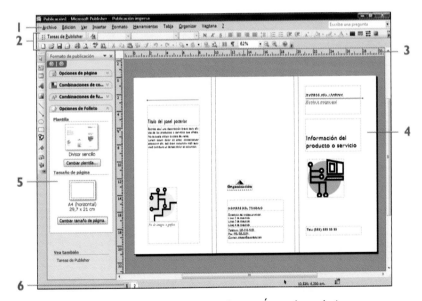

1.	Barra de menús	4.	Área de trabajo
2.	Barras de herramientas	5.	Panel de tareas
3.	Regla	6.	Clasificador de páginas

Crear una publicación

1. En el menú Archivo, hacer clic en Nuevo. Aparece la primera pantalla de introducción.

2. Seleccionar un tipo de publicación de entre todas las ofrecidas.

3. Seleccionar un tipo de diseño. Se abre la ventana de Publisher con el diseño seleccionado.

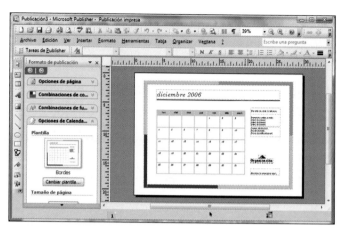

4. A continuación, se puede cambiar el diseño haciendo clic en las fichas del panel de tareas:

   - Opciones de página: Cambian el diseño general de la publicación.
   - Combinaciones de colores: Cambian la combinación de colores de la publicación.
   - Combinaciones de fuentes: Cambian la combinación de fuentes.
   - Opciones de [Nombre de publicación]: Cambian diversos aspectos de la publicación seleccionada.

5. Cambiar o seleccionar cualquier opción que se desee en el panel de tareas.

6. En la publicación, sustituir el texto de muestra y las imágenes por las que se desee incluir.

7. Guardar la publicación de la forma habitual.

Nota Para que el panel de tareas flote por la ventana del documento, hacer clic con el botón del ratón en el título, arrastrar hacia el documento y soltar el botón del ratón.

Crear o cambiar una plantilla

Para crear una plantilla:

1. Crear la publicación que se utilizará como plantilla.

2. En el menú Archivo, hacer clic en Guardar como.

3. En el cuadro Nombre de archivo, introducir un nombre para la plantilla.

4. En el cuadro Tipo, seleccionar Plantilla de Publisher de la lista desplegable. Se seleccionará la carpeta Plantillas de forma automática. No modifique esta ubicación predeterminada si desea que el diseño se encuentre disponible como plantilla en la galería de nuevas publicaciones.

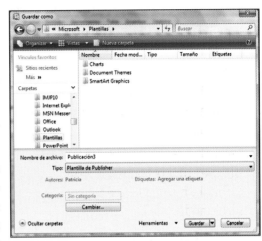

5. Hacer clic en **Guardar**.

Para cambiar una plantilla

1. En el menú Archivo, hacer clic en Nuevo.

2. Seleccionar Mis plantillas en el panel de la izquierda. Aparecerán todas las plantillas guardadas en la carpeta de plantillas.

3. Hacer clic en la plantilla que se desee modificar.

4. Introducir los cambios que se desee en la plantilla.

5. Guardar la publicación como una plantilla sobrescribiendo la plantilla anterior.

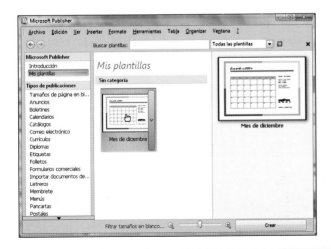

Convertir publicaciones entre distintos modos

Office Publisher permite crear publicaciones impresas y publicaciones Web. Sin embargo, estos dos modos de publicación no presentan las mismas opciones, por lo que a veces resulta conveniente pasar de un modo a otro. Para ello:

1. Seleccionar Archivo>Convertir en publicación Web.

2. Seleccionar donde se desea guardar la publicación impresa antes de convertirla y hacer clic en **Siguiente**.

3. Seleccionar si se desea agregar una barra de exploración a la publicación Web y hacer clic en **Finalizar**.

4. Escribir un nombre para la publicación Web, seleccionar una ubicación y hacer clic en **Guardar**.

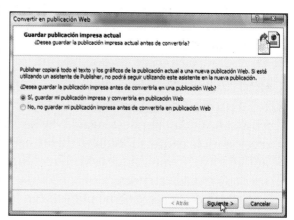

Desplazarse por la publicación con el ratón

Si el ratón tiene tres o más botones, puede utilizarlo para recorrer el espacio de trabajo más fácilmente.

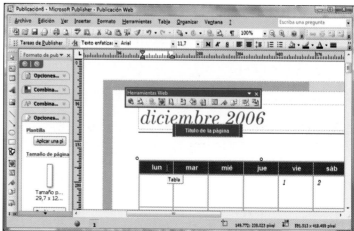

- Para mover toda la página, mantener presionado el cuarto botón del ratón mientras arrastra el puntero con forma de mano.

- Para desplazarse rápidamente en cualquier dirección, mantener presionado el tercer botón (la rueda) y arrastrarlo en la dirección en la que se desee desplazar.

- Hacer clic en la rueda del ratón, arrastrar y, por último, hacer clic en cualquier otro botón o presionar la tecla **ESC** para detener el recorrido.

Márgenes

Hay dos márgenes en Publisher: los de página y los de cuadro de texto.

- Para especificar los márgenes de página, seleccionar la ficha Guías de márgenes del cuadro de diálogo Guías de diseño, al que se accede a través del menú Organizar.

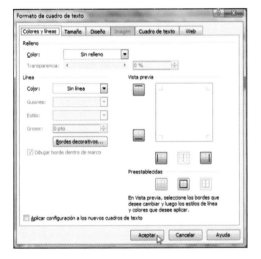

- Para especificar los márgenes de cuadro de texto, seleccionar la ficha Cuadro de texto del cuadro de diálogo Formato de cuadro de texto, al que se accede a través del menú Formato>Cuadro de texto.

Sangría

Para establecer la sangría de un texto:

1. Seleccionar Formato>Párrafo.

2. En la ficha Sangría y espacio del cuadro de diálogo Párrafo, configurar la sangría como se desee y, por último, hacer clic en **Aceptar**.

Alineación

La sección General de la ficha Sangría y espacio anteriormente descrita también permite seleccionar una alineación para el texto:

- **Izquierda:** El texto se alinea a la izquierda.

- **Centrada:** El texto aparecerá centrado.

- **Derecha:** El texto se alinea a la derecha.

- **Justificada:** El texto se alinea a izquierda y derecha.

- **Distribuida:** El texto se alinea a izquierda y derecha distribuyéndose los caracteres de forma uniforme.

- **Distribuir todas las líneas:** El texto (incluida la última línea) se alinea a izquierda y derecha distribuyéndose los caracteres de forma uniforme.

 Office Publisher 2007 también permite alinear el texto en sentido vertical.

Interlineado

La sección Interlineado de la ficha Sangría y espacio del cuadro de diálogo Párrafo también permite establecer la separación entre las líneas o los párrafos del texto:

- **Antes de párrafos:** Establece el espaciado previo a los párrafos.
- **Después de párrafos:** Establece el espaciado tras los párrafos.
- **Entre líneas:** Establece el espaciado entre líneas.

En la sección Muestra se puede apreciar la apariencia que tendrá el texto tras la aplicación de los parámetros introducidos.

Insertar un sección

Las secciones, al igual que ocurre en Word, permiten establecer formatos y diseños diferentes para distintas páginas de un documento. Para insertar una sección:

1. En el clasificador de páginas, situado en la parte inferior de la ventana, hacer clic con el botón derecho del ratón en el número de la página en la que desee comenzar una nueva sección.

2. Hacer clic en Insertar sección en el menú contextual.

3. En el cuadro de diálogo Sección, activar Empezar una sección con esta página.

A continuación:

1. Para continuar con la numeración de la sección anterior, activar Continuar desde la sección anterior.

2. Para reiniciar la numeración, activar Comenzar en y, a continuación, escribir un número de página.

La nueva sección de la publicación se mostrará mediante un salto en la secuencia de páginas del clasificador de páginas. Para cambiar el formato de los números de página:

1. Hacer clic en Página principal en el menú Ver y, en el panel de tareas Editar páginas principales, hacer clic en la flecha que se encuentra junto a la página principal que se desee modificar y hacer clic en Editar. Se mostrará la barra de herramientas Editar páginas principales.

2. Seleccionar el marcador de posición del número de página (#) así como cualquier otro texto que se desee modificar de la publicación.

3. Seleccionar Formato>Fuente.

4. Seleccionar las opciones deseadas y hacer clic en **Aceptar**.

5. Para salir, hacer clic en el botón **Cerrar vista Patrón** de la barra de herramientas Editar páginas principales.

Diseño de página reflejado

Este diseño resulta ideal para la publicación de libros:

1. En el menú Organizar, hacer clic en Guías de diseño y, a continuación, en la ficha Guías de márgenes.

2. En Páginas principales, activar la opción Crear una página principal doble y hacer clic en **Aceptar**.

En la vista Ver dos páginas, éstas se mostrarán como si se reflejaran en un espejo central, de modo que su diseño es simétrico, tal y como ocurre con los números de página de los libros.

Cambiar el tamaño de la página

1. En el menú Archivo, hacer clic en Configurar página.

2. Seleccionar las opciones deseadas haciendo clic en los distintos iconos o escribiendo valores personalizados.

3. Hacer clic en **Aceptar**.

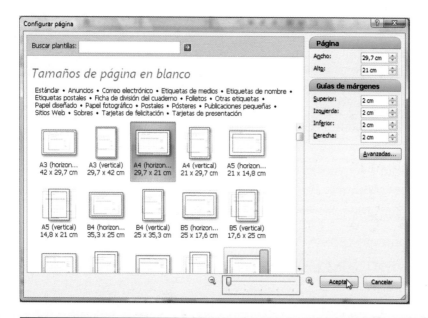

Formato y disposición del texto

El menú Cambiar texto del menú contextual asociado a las áreas de texto incluye casi todos los elementos necesarios para dar formato a la fuente y a los párrafos de nuestras publicaciones. Este menú incluye los submenús siguientes:

- **Fuente:** Abre el cuadro de diálogo Fuente que permite modificar cualquier aspecto del formato de fuente.

- **Espaciado entre caracteres:** Permite definir el espacio de separación entre los caracteres.

- **Párrafo:** Permite configurar las distintas características típicas de los párrafos.

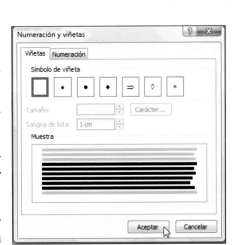

- **Numeración y viñetas:** Establece el formato de las listas numeradas y de viñetas.

- **Reglas horizontales:** Permite la inclusión de líneas antes y después de los párrafos.

- **Tabulaciones:** Permite definir las tabulaciones del texto.

- **Letra capital:** Abre el cuadro de diálogo Letra capital para configurar las características y el diseño de la primera letra de los párrafos.

- **Autoajustar texto:** Incluye opciones de ajuste del texto al cuadro de texto en el que está incluido.

- **Archivo de texto:** Permite seleccionar un archivo de texto para su inclusión en la publicación.

- **Modificar artículo en Microsoft Word:** Abre Microsoft Word para editar el texto con este programa de Office.

Trabajar con estilos de texto

Para crear un estilo de texto:

1. Seleccionar el texto que contenga el formato que desee incluir en el estilo.

2. En la barra de herramientas Formato, hacer clic en el cuadro **Estilo**.

3. Asignar el nombre que se desee al estilo nuevo y presionar **Intro**.

4. En el cuadro de diálogo Crear nuevo estilo en función de la selección, comprobar que el nombre y el formato son correctos y realizar las modificaciones deseadas.

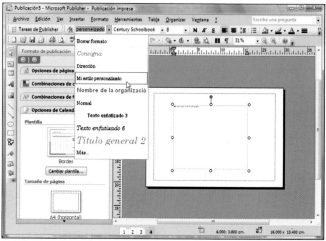

Para aplicar un estilo de texto a un párrafo:

1. Hacer clic en cualquier lugar del párrafo al que se desee aplicar el estilo de texto.

2. Seleccionar el estilo que se desee aplicar en el cuadro de lista Estilo de la barra de herramientas Formato.

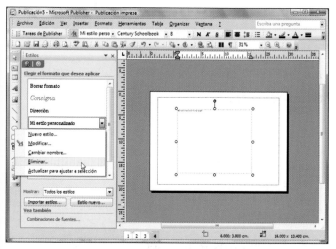

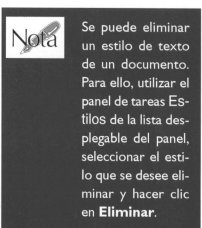
Se puede eliminar un estilo de texto de un documento. Para ello, utilizar el panel de tareas Estilos de la lista desplegable del panel, seleccionar el estilo que se desee eliminar y hacer clic en **Eliminar**.

Modificar el tamaño de un objeto

Office Publisher permite ajustar o recortar el tamaño de las imágenes. Para ajustar el tamaño:

1. Seleccionar Formato de imagen en el menú contextual asociado a la imagen.

2. En la ficha Tamaño, introducir las modificaciones deseadas.

Para recortar la imagen:

1. Utilizar las opciones de la sección Recortar de la ficha Imagen del cuadro de diálogo Formato de imagen anteriormente descrito.

O bien:

1. Hacer clic en el botón (✄) de la barra de herramientas Imagen y aplicar los cambios deseados mediante los controladores.

Igualar el tamaño de los objetos

Para que dos objetos de la publicación tengan el mismo tamaño:

1. Seleccionar los objetos cuyo tamaño se desee ajustar.

2. En el menú Formato, hacer clic en [Nombre del objeto].

3. En el cuadro de diálogo, hacer clic en la ficha Tamaño.

4. En los cuadros Alto y Ancho, introducir las dimensiones que se deseen aplicar.

Copiar y pegar objetos y atributos

Las funciones Copiar y Pegar en Office Publisher funcionan igual que en el resto de programas de Office. Sin embargo, Publisher permite copiar sólo los atributos (formato, color de relleno) de un objeto y no su contenido. Para ello:

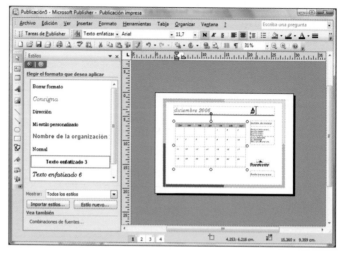

1. Hacer clic en el objeto cuyos atributos se deseen copiar.

2. En la barra de herramientas Estándar, hacer clic en **Copiar formato** ( ) el cursor cambiará de forma. A continuación, hacer clic en el objeto al que desee copiar los atributos.

Copiar una página completa

Office Publisher permite copiar una página completa. Para ello:

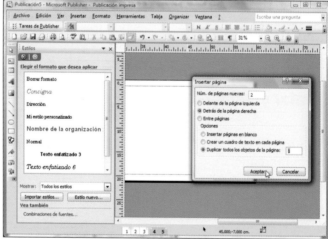

1. Dirigirse a la página de la publicación donde se desee insertar la página.

2. En el menú Insertar, hacer clic en Página. Se abrirá el cuadro de diálogo Insertar página.

3. Hacer clic en Duplicar todos los objetos de la página y escribir el número de la página que se desee copiar y hacer clic en **Aceptar**.

El Portapapeles de Office permite copiar y pegar elementos de otros programas de Microsoft Office.

Bordes

Para agregar o cambiar un borde

1. Seleccionar el marco o el cuadro de texto al que desee agregar un borde o cuyo borde se desee cambiar.

2. En la barra de herramientas Formato, hacer clic en **Estilo de línea o borde** (≡).

3. Seleccionar el diseño que se desee para el borde del cuadro de texto.

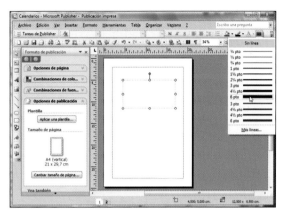

Utilizar el área de borrador

El área de borrador es el área de color gris situada alrededor de las páginas de nuestra publicación. En esta área pueden ubicarse objetos que no se desean incluir en ninguna página en la actualidad, pero que pueden resultarnos de utilidad con posterioridad. Si se coloca un objeto en el área de borrador, se puede ver y tener acceso al mismo desde otra página de la publicación. Por esta razón, el área de borrador permite almacenar objetos que no se desean eliminar pero que no se utilizarán inmediatamente. Para colocar un objeto en el área de borrador, basta con seleccionarlo en la página de la publicación en la que se trabaje y arrastrarlo hasta la ubicación que se desee.

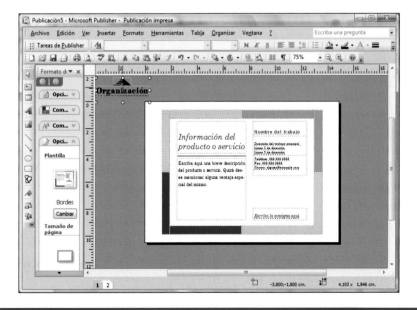

Obtener una vista previa de una página

Para comprobar la apariencia de la publicación antes de imprimirla:

1. Seleccionar Archivo> Vista preliminar.

2. Los botones de la barra de herramientas permiten visualizar varias páginas a la vez e incluso realizar algunos ajustes antes de imprimir.

Imprimir un borrador sin gráficos

1. Seleccionar Archivo>Imprimir.

2. Hacer clic en Configuración avanzada de impresión.

3. En la ficha Gráficos y fuentes, activar la opción No imprimir ningún gráfico.

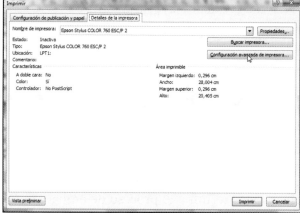

Realizar una impresión comercial

El Asistente para empaquetar publicaciones guía a lo largo del proceso de empaquetado de la publicación para su impresión comercial. Para ejecutar este asistente:

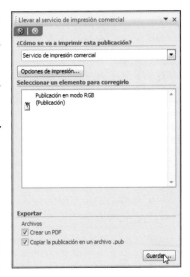

1. Seleccionar Archivo>Empaquetar publicaciones> Llevar al servicio de impresión comercial.

2. Seleccionar las opciones deseadas en el panel Llevar al servicio de impresión comercial:

   • Guardar la publicación en la ubicación que se desee.

 En caso de empaquetar varias publicaciones, guardar cada publicación en una carpeta independiente para que el asistente no sobrescriba las ya existentes.

   • Incluir fuentes y gráficos.

   • Seleccionar opciones de impresión.

3. Hacer clic en **Guardar**.

 En la ubicación seleccionada también se guardará la aplicación Unpack.exe que le permitirá desempaquetar los archivos con posterioridad.

Cuando el asistente para empaquetar publicaciones termina el proceso de empaquetado, proporciona al usuario la posibilidad de imprimir una prueba de composición o separación de colores.

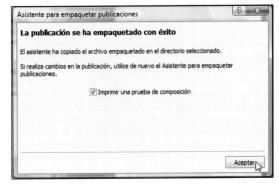

Capítulo 7
Microsoft
Office PowerPoint

Elementos de la ventana

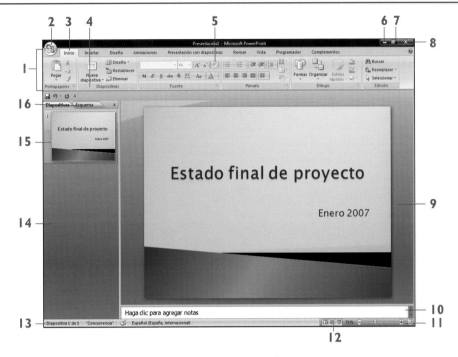

1.	Cinta de opciones	9.	Área de la diapositiva
2.	Botón de Office	10.	Panel de notas
3.	Ficha	11.	Botones de Zoom
4.	Grupo	12.	Botones de vistas
5.	Botón de comando	13.	Barra de estado
6.	Botón Minimizar	14.	Panel de fichas
7.	Botón Restaurar-Maximizar	15.	Ficha Diapositivas
8.	Botón Cerrar	15.	Ficha Esquema

Crear una presentación

Para crear una buena presentación conviene guardar cierto orden en su proceso de elaboración:

- Definir con claridad los objetivos de la presentación y crear una estructura básica.

- Dotar de contenido a la estructura creada y añadir nuevas diapositivas.

- Comenzar a trabajar en el diseño global de la presentación aplicando opciones de diseño y modificar los diseños si fuera necesario.

- Crear las animaciones que se consideren oportunas en cada diapositiva y establecer el tipo y la forma de llevar a cabo las transiciones entre las mismas.

Vistas

PowerPoint ofrece distintas formas de ver las diapositivas. Cada vista está enfocada a trabajar con las diapositivas de un modo determinado:

- **Normal** (🖵): Es la vista habitual de trabajo. Muestra la diapositiva actual para poder insertar, eliminar y modificar elementos de ella.

- **Clasificador de diapositivas** (🖽): Muestra el conjunto de diapositivas de la presentación. Esta vista permite comprobar de forma clara cómo transcurrirá la presentación.

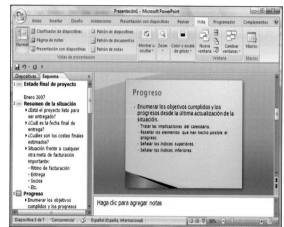

- **Presentación de diapositivas** (🖵): Una vez terminado el diseño de todas las diapositivas y de las relaciones entre ellas, esta vista permite ejecutar la presentación en sí.

- **Ajustar diapositiva a la ventana actual** (🔲): Esta vista, ajusta la vista a la ventana actual.

- **Páginas de notas:** Este botón, que se encuentra en el grupo Vistas de presentación de la ficha Vista, muestra una página que incluye la diapositiva junto a su nota para su posible edición.

La vista Normal incluye dos áreas que se pueden ocultar o mostrar con tan sólo arrastrar el extremo de sus ventanas:

- Panel de notas: Permite agregar una nota a cada diapositiva.

- Panel de fichas: A la izquierda se puede encontrar un área con dos fichas que facilitan la organización de la presentación. La ficha Esquema muestra el texto principal de las diapositivas en distintos niveles. La ficha Diapositivas muestra el conjunto de diapositivas que componen la presentación.

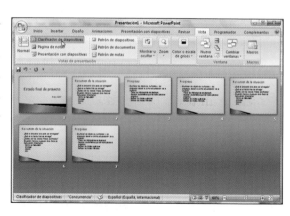

Para seleccionar una vista:

1. Elegir la vista deseada en el grupo Vistas de presentación o hacer clic en alguno de los botones de vistas situados en la parte inferior derecha de la ventana de la aplicación, junto a los botones de **Zoom**.

Utilizar plantillas

Las plantillas se utilizan para crear presentaciones basadas en un diseño que puede aplicarse a una presentación para dar un formato coherente al contenido de todas las diapositivas. Para utilizar una plantilla:

1. Hacer clic en el **Botón de Office** ( ) y seleccionar Nuevo.

2. En la sección Plantillas, aparecen las opciones que se pueden utilizar para crear un documento basado en plantillas:

   - Un documento, libro o presentación en blanco.
   - Un documento, libro o presentación desde una plantilla.
   - Un nuevo documento, libro o presentación desde un archivo existente.

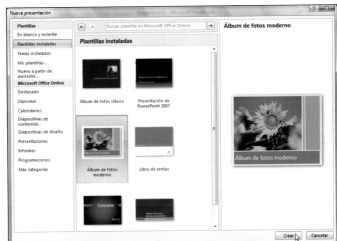

3. Si el equipo tiene conexión a Internet, también aparecen plantillas disponibles en Microsoft Office Online.

4. Seleccionar la opción deseada y hacer clic en **Crear**.

5. Personalizar el texto genérico de la plantilla haciendo clic en él y escribiendo un texto propio texto.

Descargar plantillas

La primera vez que se descarga una plantilla, se abre un cuadro de diálogo explicando que la función sólo está disponible para los usuarios con una versión de Microsoft Office original. Tras comprobar que el software es legítimo y totalmente admitido por Microsoft, se descarga la plantilla, y no vuelven a aparecer más mensajes sobre el software original. Las siguientes descargas de plantilla se ejecutarán inmediatamente.

Crear una plantilla de gráfico

Para volver a utilizar un tipo de gráfico personalizado, se puede guardar el gráfico como una plantilla de gráfico (*.crtx) en la carpeta de plantillas de gráficos. Así, en lugar de volver a crear el gráfico, se puede aplicar su plantilla. Para crear una plantilla de gráfico:

1. Hacer clic en el gráfico que se desea guardar como plantilla.

2. Se abrirá la ficha contextual Herramientas de gráficos con las fichas Diseño, Presentación y Formato.

3. Hacer clic en **Guardar como plantilla** en el grupo Tipo de la ficha Diseño.

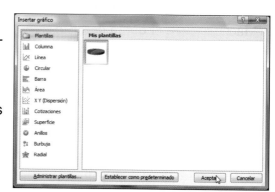

4. En el cuadro Guardar en, seleccionar la carpeta de gráficos (Charts), si no está ya seleccionada.

5. En el cuadro Nombre de archivo, escribir un nombre para la plantilla de gráfico.

6. Hacer clic en **Guardar**.

Aplicar una plantilla de gráfico

Para cambiar el tipo de gráfico:

1. Hacer clic en el botón **Gráfico** en el grupo Ilustraciones de la ficha Insertar.

2. Seleccionar Plantillas.

3. Seleccionar el gráfico en la sección Mis plantillas.

4. Hacer clic en **Aceptar**.

7. Microsoft Office PowerPoint

Activar y seleccionar diapositivas

Para activar una diapositiva:

1. Hacer clic sobre el icono correspondiente a la diapositiva que se desea activar en la ficha Esquema.

O bien:

1. Hacer clic sobre la miniatura correspondiente a la diapositiva en la vista Clasificador de diapositivas o en la ficha Diapositivas de la vista Normal.

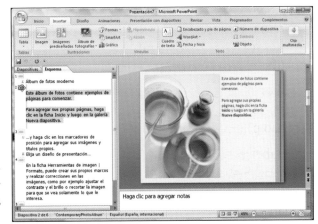

Para seleccionar varias fichas, utilizar el método habitual de selección en Windows seleccionando los iconos de la ficha Esquema o las miniaturas de la ficha Diapositivas:

1. Para seleccionar diapositivas consecutivas, mantener pulsada la tecla **Mayús**.

2. Para seleccionar diapositivas no consecutivas, mantener pulsada la tecla **Control**.

Añadir y eliminar diapositivas

Una presentación está compuesta por un conjunto ordenado de diapositivas. Para añadir una nueva diapositiva a la presentación:

1. En la ficha Diapositivas o en la vista Clasificador de diapositivas, hacer clic en el espacio en blanco entre las dos diapositivas donde se desea insertar la nueva diapositiva.

2. Hacer clic con el botón derecho del ratón y seleccionar Nueva diapositiva del menú contextual.

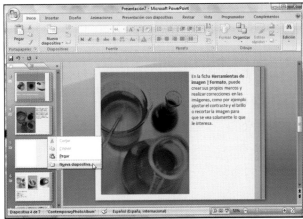

Para eliminar diapositivas:

1. Seleccionar las diapositivas que se desean eliminar.

2. Seleccionar Eliminar diapositiva del menú contextual asociado a la selección.

Diseñar la diapositiva

Cada diapositiva puede incluir diversos objetos: cuadros de texto, imágenes, gráficos, tablas, diagramas, clips multimedia y objetos de otras aplicaciones.
Office PowerPoint incluye varios diseños que facilitan la inclusión y organización de cualquiera de estos objetos en la diapositiva.

1. Seleccionar las diapositivas a las que se desea aplicar un diseño determinado.

2. Hacer clic en la flecha del botón **Diseño** (🔲▾) del grupo Diapositivas en la ficha Inicio.

3. Hacer clic sobre cualquiera de los diseños ofrecidos en la galería de diseños. Utilizar la barra de desplazamiento para desplazarse por la ventana y ver todos los diseños.

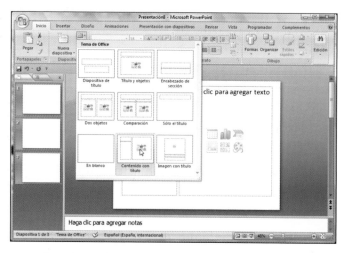

Es necesario tener en cuenta los aspectos siguientes:

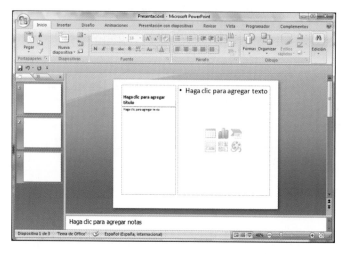

- Toda diapositiva tiene un diseño asociado. Para crear un diseño propio, seleccionar En blanco de la galería de diseños.

- Aunque los cuadros de texto están vacíos, aparece una pequeña muestra que indica el formato que tendrá el texto al introducirlo.

- Al seleccionar un diseño que incluya algún objeto, se puede decidir el tipo de objeto que se desea incluir con tan sólo hacer clic en alguno de los botones que aparecen dentro del área reservada al objeto.

Trabajar con texto

Para introducir texto principal en un marcador de posición:

1. Hacer clic en el marcador de posición y escribir.

O bien:

1. Escribir el texto directamente en la ficha **Esquema**. Para bajar y subir de nivel utilizar, respectivamente, las teclas **Tab** y **Mayús-Tab**.

Para incluir un cuadro de texto en una diapositiva:

1. Hacer clic en el botón **Cuadro de texto** del grupo Texto en la ficha Insertar.

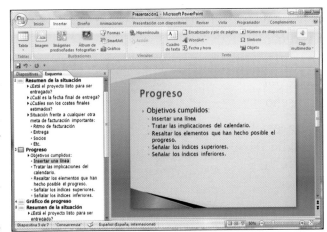

2. Hacer clic sobre la posición de la diapositiva donde se situará la primera esquina del cuadro y arrastrar el ratón para definir la esquina opuesta de dicho cuadro. De esta forma quedará definida la anchura del cuadro.

Para escribir texto en un cuadro de texto o en un marcador de posición:

1. Hacer clic sobre él para seleccionarlo y comenzar a escribir. Si ya contiene texto, hacer clic allí donde se desee situar el punto de inserción.

Para dar formato al texto:

1. Seleccionar el texto o los párrafos a los que se desea aplicar cierto formato.

2. Utilizar los botones de los grupos Fuente y Párrafo de la ficha Inicio.

O bien:

1. Elegir alguna de las opciones disponibles en los cuadros de diálogo Fuente y Párrafo que se abren al hacer clic en sus respectivos iniciadores de cuadro de diálogo ().

Insertar objetos

1. Seleccionar algún diseño de diapositiva que incluya un marcador de posición de objetos.
2. Hacer clic en alguno de los botones contenidos en el área del objeto dentro de la diapositiva según el tipo de objeto que se desea incluir.

O bien:

1. Hacer clic en alguno de los siguientes botones del grupo Ilustraciones en la ficha Insertar:

   - El botón **Gráfico** para insertar un gráfico.
   - El botón **Tabla** para insertar una tabla precisando con el ratón el número de filas y columnas.
   - El botón **Imágenes prediseñadas** para insertar una imagen prediseñada que se puede seleccionar.

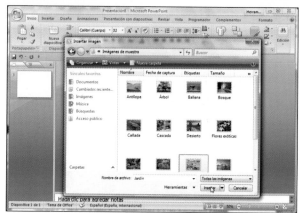

O bien:

1. Hacer clic en alguno de los botones del grupo Texto en la ficha Insertar descritos en la tabla siguiente.

Opción	Descripción
Cuadro de texto	En los cuadros de texto se puede introducir un texto independiente situado en cualquier parte de la diapositiva.
Objeto	Al hacer clic en este botón, se abre el cuadro de diálogo Insertar objeto.
Número de diapositiva	Inserta un número de diapositiva que refleja su posición dentro de la presentación.
WordArt	Inserta texto decorativo en el documento.
Fecha y hora	Inserta la fecha y la hora en que se ha creado o modificado la diapositiva.
Encabezado y pie de página	Edita el encabezado o pie de página del documento.

Trabajar con objetos

Una vez incluidos los distintos objetos que componen una diapositiva, PowerPoint ofrece una serie de herramientas para ordenarlos y distribuirlos.

La ficha Inicio ofrece el grupo Dibujo y, concretamente, el botón **Organizar**, que presenta las siguientes opciones para trabajar con los objetos:

- **Agrupar, Desagrupar** y **Reagrupar:** Con estas opciones se pueden crear y deshacer grupos de objetos.

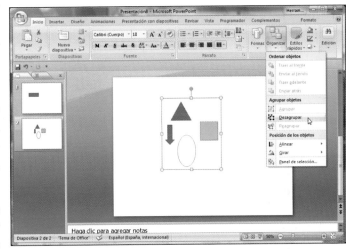

- **Ordenar:** Permite determinar la posición relativa del objeto seleccionado, situándolo en el frente, en el fondo, etc.

- **Alinear o distribuir:** Se pueden alinear y distribuir uniformemente los objetos seleccionados.

- **Panel de selección:** Abre un panel de tareas que ayuda a seleccionar objetos individuales y para cambiar el orden y la visibilidad.

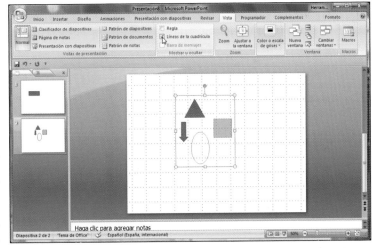

Para mostrar u ocultar una regla que facilita la colocación de los objetos:

1. Seleccionar la ficha Vista y, dentro del grupo Mostrar u ocultar, seleccionar o anular la selección de la casilla de verificación Líneas de cuadrícula.

Nota

También se puede mostrar u ocultar la regla seleccionando o anulando la selección de la casilla de verificación Regla.

Animación de objetos y texto

Para resaltar el efecto de una presentación en pantalla, PowerPoint puede dotar de animación a los objetos y al texto. Para aplicar una combinación de animaciones preestablecidas:

1. Seleccionar las diapositivas a las que se desea aplicar la combinación de animaciones.

2. Seleccionar la ficha Animaciones.

3. Seleccionar alguna de las combinaciones que se muestran en el grupo Transición a esta diapositiva.

4. Para aplicar la combinación a todas las diapositivas de la presentación, hacer clic en **Aplicar a todo**.

Para crear una animación personalizada:

1. Activar en la vista Normal la diapositiva en la que se encuentra el objeto o el texto que se desea animar.

2. Seleccionar el objeto u objetos que se van a animar y hacer clic en el botón **Personalizar aplicación** en el grupo Animaciones de la ficha Animaciones.

3. En el panel Personalizar animación que se abre en la parte derecha de la ventana, hacer clic en el botón **Agregar efecto** y seleccionar una de las siguientes opciones:

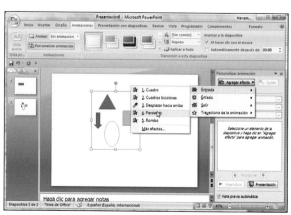

   - Entrada: Ofrece efectos para incluir el objeto en la diapositiva.
   - Énfasis: Son efectos para resaltar los objetos seleccionados dentro de la diapositiva.
   - Salir: Con estos efectos se extraen de la diapositiva los objetos seleccionados.
   - Trayectorias de desplazamiento: Este menú incluye opciones para definir el desplazamiento del objeto en la diapositiva.

4. Configurar las opciones de cada uno de los efectos aplicados, como la velocidad de una entrada, el momento de iniciar el efecto o su orden relativo.

Establecer un fondo

Las plantillas de diseño permiten aplicar una serie de estilos predefinidos, entre ellos un fondo para las diapositivas. Para establecer un fondo personalizado:

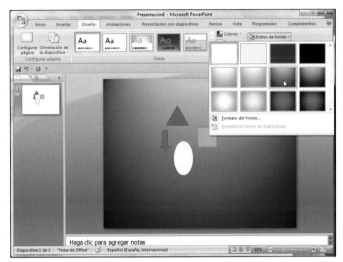

1. Seleccionar las diapositivas a las que se desea aplicar el fondo.

2. Hacer clic en la flecha del botón **Estilos de fondo** del grupo Fondo en la ficha Diseño.

3. Seleccionar alguno de los fondos de la galería o hacer clic en Formato del fondo para abrir el cuadro de diálogo Dar formato al fondo.

O bien:

1. En la misma ficha, hacer clic en el botón **Efectos** y seleccionar uno de los efectos de la galería.

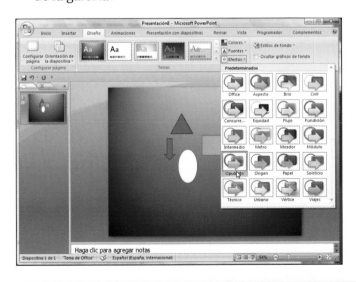

Para abrir el cuadro de diálogo Dar formato al fondo rápidamente, hacer clic en el iniciador del cuadro de diálogo del grupo Fondo.

Añadir notas

Para añadir notas explicativas a una diapositiva:

1. En la vista Normal, si no aparece el panel de notas, arrastrar hacia arriba la línea situada al pie de la ventana, bajo la diapositiva.
2. Escribir directamente en este panel el texto de la nota.

Para dar formato al texto de la nota o insertar objetos como imágenes o gráficos en ella:

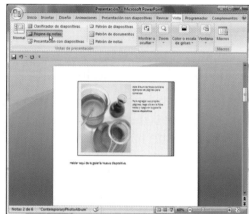

1. Seleccionar la ficha Vista y hacer clic en el botón **Página de notas** en el grupo Vistas de presentación. Aparecerá un documento compuesto por la diapositiva en la parte superior y las notas en la inferior, dentro de un marcador de posición.
2. Utilizar las opciones del grupo Fuente o del grupo Párrafo de la ficha Inicio para aplicar formato al texto de la nota.
3. Utilizar las opciones de la ficha Insertar para insertar cualquier objeto en las notas.

Encabezados y pies de página

Es posible incluir encabezados y pies de página tanto para las diapositivas como para los documentos destinados a su impresión.

1. Seleccionar las diapositivas a las que se desea aplicar un determinado formato para el encabezado o el pie.
2. Seleccionar la ficha Insertar y hacer clic en **Encabezado y pie de página** en el grupo Texto.
3. Configurar las opciones deseadas en la ficha Diapositiva en el cuadro de diálogo Encabezado y pie de página.
4. Hacer clic en **Aplicar** para aplicar los cambios a las diapositivas seleccionadas o en **Aplicar a todas** para que los cambios afecten a toda la presentación.

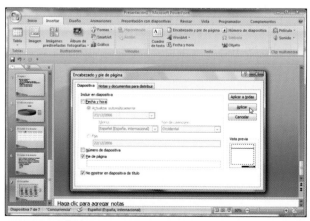

Patrones

Office PowerPoint incluye tres tipos de patrones:

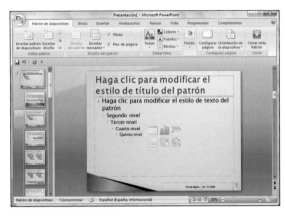

- **Patrón de diapositivas:** Se trata de una diapositiva cuyos formatos y elementos se utilizarán como modelo en todas las diapositivas basadas en un determinado diseño. El patrón de notas incluye un patrón de título que determina el diseño de las diapositivas de título.

- **Patrón de notas:** Es una página de notas utilizada como modelo. En ella se puede definir el formato y posición de los encabezados y pies, entre otros elementos propios de las páginas de notas.

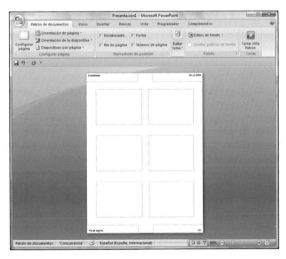

- **Patrón de documentos:** Este patrón define el diseño de los documentos creados con PowerPoint para la impresión de diapositivas o del esquema.

Para diseñar cualquiera de estos patrones:

1. Hacer clic en los botones `Patrón de diapositivas`, `Patrón de documentos` o `Patrón de notas` en el grupo **Vistas de presentación** de la ficha **Vista**. PowerPoint abre una vista especial de diseño del patrón, que incluye una ficha contextual específica con opciones propias del tipo de patrón elegido.

2. Para modificar el patrón, trabajar como si se tratara de una diapositiva, una página de notas o un documento normal.

Nota

Además de aplicar determinados formatos y estilos y de modificar los marcadores de posición, pueden incluirse objetos o texto que se desee que aparezcan en todas las diapositivas o documentos basados en estos patrones.

Transiciones e intervalos

El término "transición" en PowerPoint hace referencia a la forma en que se pasa de una diapositiva a otra. Es posible aplicar distintos efectos a estos procesos de transición:

1. Seleccionar las diapositivas a las que se desea aplicar un mismo efecto de transición.

2. Seleccionar un tipo de transición entre las ofrecidas en la galería de esquemas de transición del botón **Esquema de transición** en el grupo Transición a esta diapositiva de la ficha Animaciones.

3. Seleccionar una velocidad para la transición.

4. También se puede reproducir un sonido al cambiar de diapositiva. Seleccionar uno de los ofrecidos por el cuadro Sonido de transición en este mismo grupo o insertar un archivo de sonido guardado en el equipo.

Para que una transición se produzca de forma automática transcurrido cierto tiempo:

1. Seleccionar las diapositivas a las que aplicar este tipo de transición.

2. Seleccionar la ficha Animaciones.

3. Activar la casilla de verificación Automáticamente después de. Indicar un intervalo de tiempo en el cuadro de texto.

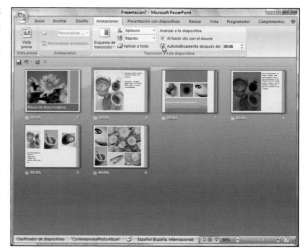

 Si también está activada la casilla Al hacer clic con el mouse, la transición tendrá lugar al hacer clic con el ratón o transcurrido el tiempo establecido.

Realizar una presentación en pantalla

Una vez creadas todas las diapositivas y definidas las transiciones entre diapositivas, se puede proceder a ejecutar la presentación en pantalla.

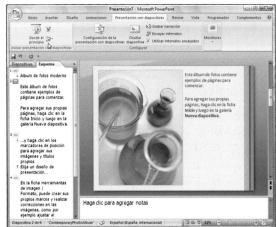

1. Seleccionar la ficha Presentación con diapositivas.

2. Hacer clic en uno de los botones del grupo Iniciar presentación con diapositivas:

   - **Desde el principio** ( ): Inicia la presentación desde la primera diapositiva.
   - **Desde la diapositiva actual** ( ).
   - **Presentación personalizada** ( ): Crea o reduce una presentación personalizada. Sólo se muestran las diapositivas seleccionadas.

La presentación ocupa toda la pantalla. Durante la presentación, se puede cambiar de diapositiva utilizando varios métodos:

- Esperar el cambio automático (si ha configurado intervalos de transición).
- Hacer clic con el ratón o utilizar el teclado (teclas del cursor, **Intro** o las teclas **RePág** y **AvPág**).
- Utilizar el menú contextual.
- Utilizar los botones que se muestran en la esquina inferior izquierda al situar el ratón sobre ellos.

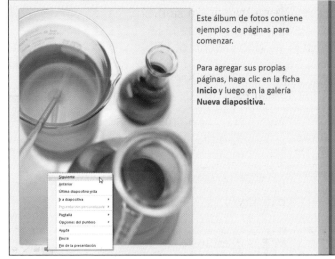

Para ir a una diapositiva concreta durante la presentación:

1. Seleccionar la diapositiva que se desee desde la opción Ir a diapositiva del menú contextual.

Para terminar la presentación:

1. Pulsar **Esc** o seleccionar la opción Fin de la presentación del menú contextual.

Crear un álbum de fotografías

Office PowerPoint incluye una función para crear una presentación a partir de un álbum de fotos.

1. Seleccionar la ficha Insertar y hacer clic en la flecha del botón **Álbum de fotografías** ( ) en el grupo Ilustraciones.

2. Seleccionar Nuevo álbum de fotografías. Aparecerá el cuadro de diálogo Álbum de fotografías.

3. Para agregar una imagen guardada en archivo, hacer clic en el botón **Archivo o disco**.

4. Para insertar un cuadro de texto en el que poder escribir el comentario de una fotografía del álbum, hacer clic en **Nuevo cuadro de texto**.

5. Las imágenes y cuadros de texto insertados aparecen en la lista Imágenes del álbum. Utilizar los botones (↑) y (↓) situados bajo esta lista para cambiar la posición de las imágenes dentro del álbum y el botón **Quitar** para eliminar una imagen.

> **Nota**
> El área de vista previa muestra la imagen seleccionada actualmente en la lista. Con los botones situados bajo esta área puede girarse la foto, así como modificar su contraste y su brillo.

6. En la sección Diseño del álbum, seleccionar el número de imágenes por diapositiva. Indicar también una forma para el marco de cada foto y una plantilla de diseño que aplicar a la presentación.

7. Hacer clic en **Crear**.

Una vez creado el álbum, introducir el texto en los títulos de diapositiva o en los cuadros de texto como en cualquier otra presentación de PowerPoint y aplicar los formatos deseados. Para modificar un álbum de fotografías:

1. Abrir el álbum y hacer clic en el botón **Álbum de fotografías** ( ) del grupo Ilustraciones dentro de la ficha Insertar y seleccionar Editar álbum de fotografías.

2. Realizar los cambios oportunos, como agregar o quitar fotos, y hacer clic en **Actualizar**.

Imprimir

1. Hacer clic en **Botón de Office** (⊕), hacer clic en la flecha de Imprimir y seleccionar Vista preliminar.

2. En el cuadro de lista Imprimir dentro del grupo Configurar página de la vista preliminar, seleccionar el tipo de elemento que se desea imprimir: diapositivas, páginas de notas, varias diapositivas en una página, etc.

3. Hacer clic en el botón **Imprimir** y seleccionar las opciones deseadas.

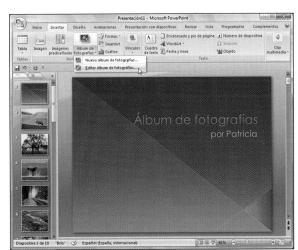

4. Tras comprobar que el documento para imprimir presenta el aspecto deseado, hacer en **Aceptar**.

Empaquetar para CD-ROM

Office PowerPoint incluye la opción Empaquetar para CD-ROM en el menú del **Botón de Office** (⊕) dentro de la opción Publicar que permite preparar los archivos para su inclusión en un CD-ROM. Esta opción también permite ejecutar las presentaciones en equipos que no tengan instalado Office PowerPoint. El botón **Opciones** de este cuadro de diálogo permite seleccionar distintas opciones para realizar esta operación.

1. Hacer clic en **Agregar archivos** para seleccionar los archivos que se desee incluir en el CD-ROM.

2. Hacer clic en **Copiar a la carpeta** para copiar los archivos en una carpeta del disco duro para organizarlos antes de copiarlos a un CD.

3. Hacer clic en **Copiar a CD** para copiar los archivos directamente en un CD-ROM.

Capítulo 8
Microsoft
Office InfoPath

Ventana de Office InfoPath

Antes de llegar a la ventana de InfoPath, se abre una ventana de introducción en la que puede seleccionar un documento sobre el que trabajar.

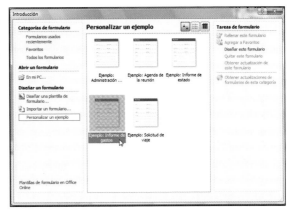

1. Barra de menús
2. Barra de herramientas Estándar
3. Barra de herramientas Formato
4. Barra de herramientas Tabla
5. Área de formularios
6. Panel de tareas

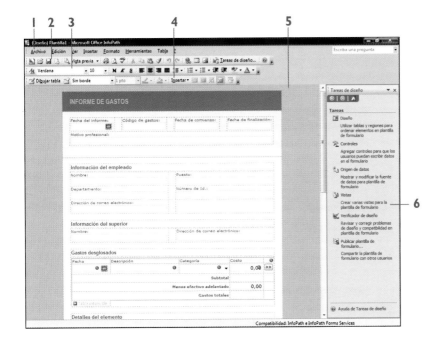

Microsoft Office 2007 incluye InfoPath, un programa que permite tanto rellenar formularios, como crearlos a partir de atractivos diseños. El panel de tareas permite pasar rápidamente de un modo a otro.

Introducir datos en un formulario

1. Abrir el formulario que se desee completar. Para introducir información en él.

2. Hacer clic en los campos y escribir los datos que se desee.

O bien:

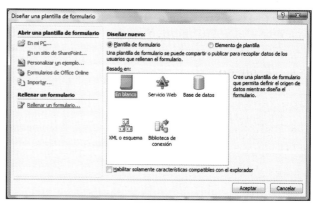

2. Pulsar la tecla **Tab** hasta llegar al campo que desee completar.

Office InfoPath 2007 también permite modificar el diseño de los formularios ya creados o predefinidos. Para ello:

1. Hacer clic en el botón **Diseñar** (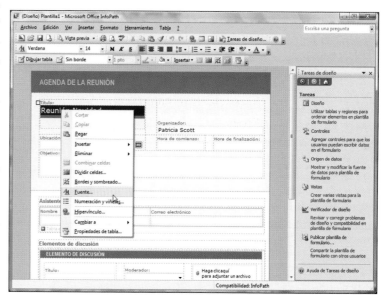) de la barra de herramientas Estándar y seleccionar una opción en el cuadro de diálogo que se abre. En la parte derecha de la ventana, se abrirá el panel de tareas Tareas de diseño, que permite aplicar diferentes diseños, introducir controles nuevos, mostrar y modificar el origen de datos del formulario, etc.

2. Utilizar este panel de tareas para introducir en el formulario las modificaciones que deseadas.

 El menú contextual asociado al texto también permite modificar el formato de fuente y los bordes y sombreado, así como introducir celdas en el formulario.

Exportar datos

Office InfoPath permite exportar los datos contenidos en un formulario al formato de Microsoft Office Excel, de modo que resulte mucho más sencillo confeccionar gráficos o realizar un seguimiento de los mismos.

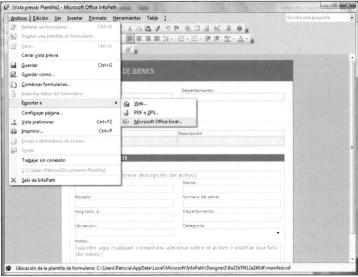

1. Hacer clic en la lista desplegable de Vista previa y seleccionar Formulario.

2. Seleccionar Archivo> Exportar a>Microsoft Office Excel. Se abrirá el Asistente para la exportación a Excel.

3. Seguir los pasos del asistente hasta completar la exportación.

4. Una vez en Office Excel, tratar los datos y utilizarlos de la forma habitual.

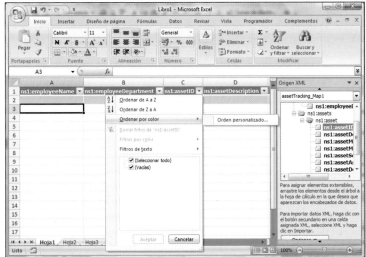

Trabajar en el modo de diseño

Para diseñar formularios mediante InfoPath, abrir el panel de tareas
Diseñar un formulario o seleccionar diseñar un formulario en el
panel de tareas Rellenar un formulario para abrir el modo de diseño.
Se abre el cuadro de diálogo Diseñar una plantilla de formulario con
las siguientes secciones:

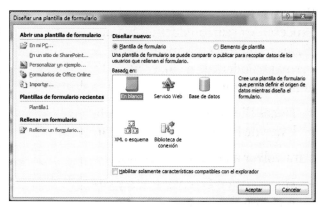

- Abrir una plantilla de formulario.

- Plantillas de formulario recientes.

- Rellenar un formulario.

- Diseñar nuevo.

Al seleccionar En blanco, se abre el panel de tareas Tareas de diseño, que incluye, entre otras, las opciones siguientes:

- Seleccionar Diseño para escoger el diseño general del formulario.

- Seleccionar Controles para introducir controles en el formulario como, por ejemplo, cuadros de lista, botones de opción, etc.

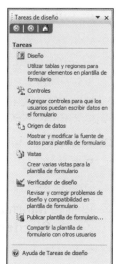

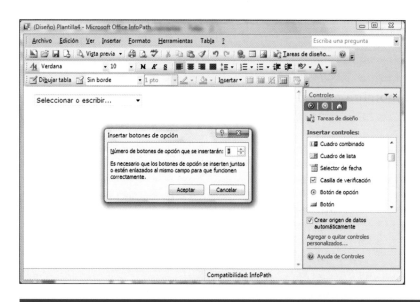

Obtener una vista previa del formulario

Siempre que se desee, durante el proceso de creación de un formulario, es posible obtener una vista previa para poder apreciar el aspecto general del mismo:

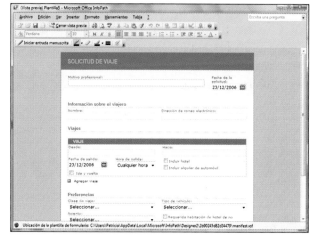

1. Hacer clic en **Vista previa** de la barra de herramientas Estándar.

Para volver a la vista de diseño:

1. Hacer clic en **Cerrar vista previa** en la barra de herramientas de Estándar de la vista previa.

Publicar un formulario

Una vez finalizado el diseño de un formulario, puede publicarlo en una carpeta compartida para que esté a disposición de otros usuarios:

1. Seleccionar Archivo>Publicar. Se abrirá el Asistente para la publicación.

2. Leer la información que se muestra y hacer clic en **Siguiente**.

3. Seleccionar una ubicación para la publicación.

4. Introducir un nombre y una ubicación para el archivo y un nombre para el formulario y hacer clic en **Finalizar**.

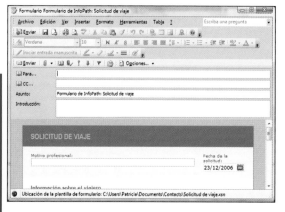

La casilla Enviar el formulario a destinatarios de correo electrónico permite enviar a los usuarios una notificación de la existencia del formulario nuevo y de su ubicación.

Capítulo 9
Otras funciones
de Microsoft
Office 2007

Herramientas de dibujo

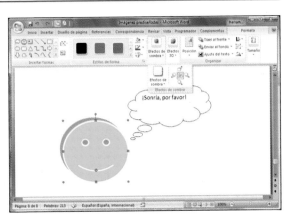

Office incluye en su nueva interfaz los grupos Ilustraciones y Texto en la ficha Insertar permiten realizar las siguientes operaciones:

- Dibujar y modificar autoformas y formas libres.
- Ordenar y alinear objetos.
- Insertar cuadros de texto, WordArt, gráficos SmartArt e imágenes.

Tras su creación, al seleccionar uno de los objetos dibujados, se abre la ficha contextual Herramientas de dibujo que permite modificar y personalizar el objeto insertado al ofrecer una ficha de Diseño específica.

Autoformas

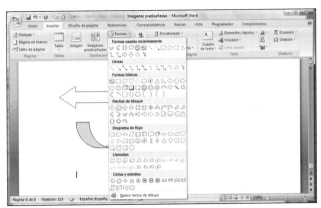

Las autoformas son formas ya diseñadas que incluyen desde líneas rectas hasta diagramas de flujo o imágenes. Para insertar una autoforma:

1. Hacer clic en el botón **Formas** en Ilustraciones de la ficha Inicio para dibujar líneas, flechas, rectángulos y otras formas o dibujos.

2. Para crear diseños personalizados, seleccionar la opción Nuevo lienzo de dibujo.

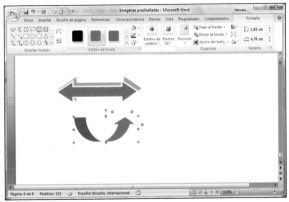

Para modificar y dar formato a una autoforma:

1. Seleccionar la autoforma para abrir la ficha contextual de Herramientas de dibujo y, en la ficha Formato, seleccionar la opción deseada.

Organigramas y diagramas

Microsoft Office 2007 permite crear de forma rápida y sencilla listas gráficas, organigramas y diagramas que muestran las relaciones de jerarquía entre distintos elementos. Para crear un organigrama o un diagrama:

1. Hacer clic en el botón **SmartArt** en el grupo Ilustraciones de la ficha Inicio.

2. En el cuadro de diálogo Elegir un gráfico SmartArt, seleccionar uno de los grupos de diseño, hacer clic sobre el diseño deseado y hacer clic en **Aceptar**.

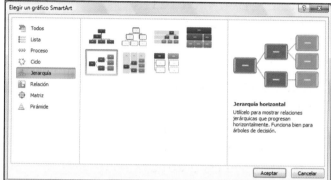

3. En el documento se inserta un diagrama básico compuesto por autoformas y se abre la ficha contextual Herramientas de SmartArt ofreciendo diversos grupos de comandos específicos en la ficha Diseño.

- Para añadir texto, hacer clic sobre una forma del organigrama y escribir.

- Para eliminar una forma, seleccionarla y pulsar **Supr**.

- Para añadir una forma nueva, decidir el punto donde insertarla, hacer clic con el botón derecho del ratón, seleccionar Agregar forma y hacer clic en la opción deseada.

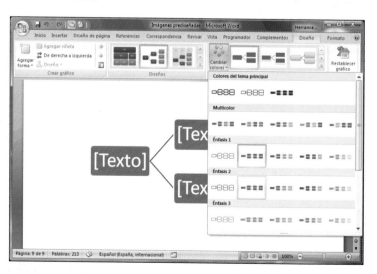

- Para modificar el diseño, elegir alguna de las opciones de la ficha Diseño.

- Para aplicar un formato automático, seleccionar uno de los estilos ofrecidos en la galería de diseños.

WordArt

La herramienta WordArt de Office 2007 permite crear texto decorativo directamente en la ventana de la aplicación.

1. Hacer clic en la flecha del botón **WordArt** en el grupo Texto de la ficha Insertar.

2. Seleccionar uno de los estilos disponibles en la galería.

3. Realice las siguientes operaciones en el cuadro de diálogo Modificar texto de WordArt:

   • Escribir el texto de WordArt.

   • Seleccionar un tipo de letra.

   • Indicar el tamaño y el estilo de la fuente.

   • Utilizar los estilos **Negrita** y **Cursiva**.

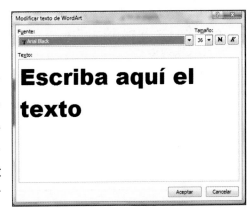

4. Hacer clic en **Aceptar** para crear el objeto de WordArt en la aplicación de destino.

5. Seleccionar la opción Formato de WordArt del menú contextual asociado para modificar las propiedades del objeto en un cuadro de diálogo.

6. Utilizar los controladores asociados al objeto para cambiar su tamaño, inclinarlo o girarlo.

7. Utilizar las opciones de las ficha Formato de Herramientas de WordArt para aplicar determinadas opciones al objeto.

Galería multimedia

La Galería multimedia de Microsoft contiene una serie de archivos de imagen y multimedia (como clips de audio o vídeo y animaciones) que pueden agregarse fácilmente a los documentos de Office. Para insertar una imagen prediseñada:

1. Hacer clic en el botón **Imágenes prediseñadas** en el grupo Ilustraciones de la ficha Insertar.

La aplicación de Office mostrará el panel de tareas Imágenes prediseñadas. Se trata de un panel orientado a la búsqueda de imágenes y clips tanto en el equipo local como la Web de Office.

Para abrir la ventana de la Galería multimedia:

1. Introducir una palabra clave en el cuadro Buscar y hacer clic en **Buscar**.

O bien:

1. Hacer clic en el enlace Imágenes prediseñadas de Office Online.

O bien:

1. Hacer clic en el botón **Iniciar** de Windows y seleccionar Todos los programas>Microsoft Office>Herramientas de Microsoft Office>Galería multimedia de Microsoft.

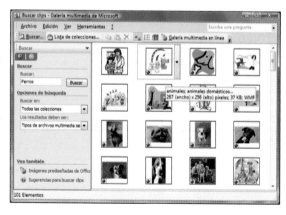

En la Galería multimedia se pueden realizar diversas operaciones:

- Agregar clips o imágenes a la galería de forma automática o manual.
- Organizar los distintos elementos de la galería.
- Acceder a las distintas carpetas en las que se clasifica el contenido multimedia y ver las miniaturas de todas las imágenes.
- Insertar imágenes y clips en documentos con tan sólo arrastrar la miniatura hasta la ventana del documento.

Gráficos

Excel y Access cuentan con sus propios asistentes para la creación de gráficos. No obstante, tanto en estas aplicaciones como en el resto de aplicaciones de Office puede incluirse un gráfico. Por ejemplo, para insertar un gráfico en Word:

1. Situar el punto de inserción en la posición del documento en la que se desea insertar el gráfico.

2. Hacer clic en el botón **Gráfico** en el grupo Ilustraciones de la ficha Insertar.

3. En el cuadro de diálogo Insertar gráfico, seleccionar un tipo de gráfico y hacer clic en **Aceptar**.

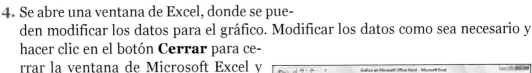

4. Se abre una ventana de Excel, donde se pueden modificar los datos para el gráfico. Modificar los datos como sea necesario y hacer clic en el botón **Cerrar** para cerrar la ventana de Microsoft Excel y volver a Microsoft Word.

5. Utilizar los comandos de los grupos incluidos en la ficha Formato de Herramientas de gráficos para dar formato al gráfico.

O bien:

5. Seleccionar la opción deseada del menú contextual asociado a cada uno de los elementos del gráfico.

6. Al terminar, hacer clic sobre cualquier otra zona del documento para salir del gráfico.

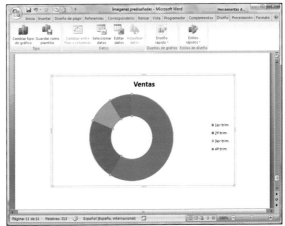

Para modificar el gráfico después de insertarlo:

1. Seleccionar el gráfico.

2. Hacer clic en la opción deseada dentro de la ficha Formato de Herramientas de gráfico.

Galería de ecuaciones

La Galería de ecuaciones es una herramienta destinada a introducir en nuestros documentos expresiones matemáticas.

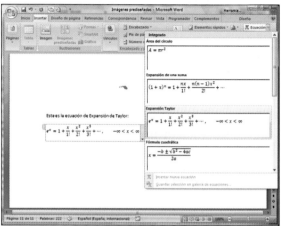

1. Situar el punto de inserción en la posición del documento donde se desee insertar la expresión.
2. Hacer clic en la flecha del botón **Ecuación** en el grupo Símbolos de la ficha Insertar.
3. Seleccionar una de las ecuaciones de la galería.

Para trabajar con la Galería de ecuaciones:

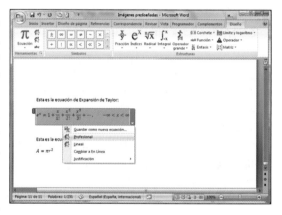

1. Para cambiar la apariencia de una ecuación, hacer clic en el botón desplegable de la misma y seleccionar la opción deseada o hacer clic en el botón de la opción deseada en el grupo Herramientas de la ficha Diseño de Herramientas de ecuación.
2. Para insertar un símbolo en la ecuación, seleccionarla y hacer clic en uno de los botones del grupo Símbolos de la ficha Formato en Herramientas de ecuación.
3. Para insertar una fórmula manual, hacer doble clic en el botón **Ecuación** en el grupo Símbolos de la ficha Insertar y escribir la fórmula directamente o hacer clic en uno de los botones del grupo Estructuras y seleccionar una de las opciones presentadas.

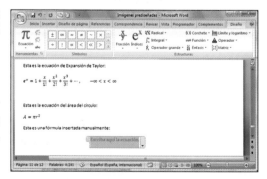

4. Hacer clic fuera del cuadro del objeto para salir de la Galería de ecuaciones y continuar el trabajo en el documento.

Para modificar una ecuación insertada:

1. Hacer doble clic en la ecuación y seleccionar la opción deseada de los grupos comprendidos en la ficha Diseño de Herramientas de ecuación.

Microsoft Office Picture Manager

Microsoft Office Picture Manager permite retocar imágenes y fotografías, aplicar distintos efectos y realizar diversas modificaciones, así como compartirlas. Para abrir Microsoft Office Picture Manager:

1. Hacer clic en el botón **Iniciar** de la barra de tareas de Windows y seleccionar Todos los programas>Microsoft Office>Herramientas de Microsoft Office>Microsoft Office Picture Manager.

Entre las operaciones que se pueden desarrollar a través del panel de tareas Editar imágenes que se abre al hacer clic en el botón 🖉 Editar imágenes... .

Enlace	Operaciones
Brillo y contraste	Permite definir estas características de las imágenes.
Color	Permite configurar la cantidad, matiz y saturación de los colores.
Recortar	Permite modificar el tamaño de la imagen.
Girar y voltear	Permite dar la vuelta, girar las imágenes.
Eliminar ojos rojos	Permite eliminar este efecto producido por el flash de las cámaras.

La barra de herramientas de Microsoft Office Picture Manager incluye los botones:

🔲 Accesos directos...	Abre el panel de accesos directos que permite acceder rápidamente a las imágenes almacenadas en el disco duro.
🔼 🔽	Estos botones permiten girar y voltear la imagen en el sentido que desee.
🖉 Editar imágenes...	Abre el panel de tareas Editar imágenes.
🔳 Autocorrección	Ejecuta una corrección automática de las características de la imagen seleccionada.

Ortografía y gramática

Las aplicaciones de Office incluyen correctores ortográficos y gramaticales que detectan y corrigen los errores que encuentran en el texto.

Es posible realizar la revisión ortográfica y gramatical mientras se escribe. Para ello, hacer clic en el **Botón de Office** y, posteriormente, en el botón **Opciones de [Programa]**, seleccionar Revisión y activar las opciones deseadas en la sección Para corregir ortografía y gramática.

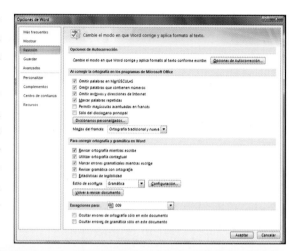

 Las palabras no encontradas en los diccionarios aparecerán subrayadas en rojo y los posibles errores gramaticales en verde. El menú contextual asociado ofrece varias opciones de corrección.

Para revisar la ortografía y gramática al finalizar un documento pulsar **F7** o hacer clic en el botón **Ortografía y gramática** en el grupo Revisión de la ficha Revisar.

Autocorrección

Las aplicaciones de Office incluyen herramientas de corrección automática del texto conforme se introduce. Para configurar las correcciones automáticas:

1. Hacer clic en el botón **Opciones de Autocorrección** de la sección Opciones de Autocorrección que se encuentra en Revisión del menú de Opciones del programa. Para abrir este menú, hacer clic en el **Botón de Office** y, posteriormente, en Opciones de [Programa].

2. Seleccionar las opciones que se deseen aplicar.

Buscar archivos

Para buscar un archivo en Microsoft Office:

1. En la aplicación abierta, hacer clic en el botón Iniciar de Windows y seleccionar Buscar.

2. En el cuadro Buscar, escribir un nombre de búsqueda.

3. Hacer clic en Búsqueda avanzada para abrir la lista de opciones de búsqueda avanzada y seleccionar las opciones deseadas.

- Ubicación: Seleccionar una ubicación de la lista donde realizar la búsqueda.

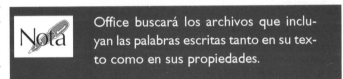

Office buscará los archivos que incluyan las palabras escritas tanto en su texto como en sus propiedades.

- Fecha de captura: Seleccionar una fecha de captura.

- Tamaño: Seleccionar un tamaño en KB.

- Nombre: Especificar un nombre en esta casilla.

4. Hacer clic en **Buscar**.

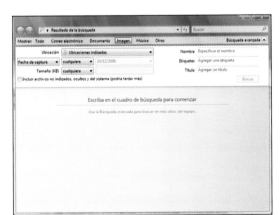
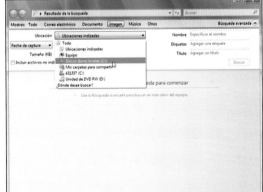

Instalación

Microsoft Office Groove 2007 es un software de Internet para establecer conexiones directas con diversas personas. Con Office Groove 2007 se puede reunir a los miembros de un equipo, tanto si están en la empresa como si están fuera de ella, sin preocuparse de los servidores, la seguridad o el acceso a la red. Asimismo, se puede conocer la ubicación virtual del resto de miembros o su presencia en línea para poder mantener una conversación de forma rápida.

Para instalar este programa:

1. Hacer clic en el botón **Iniciar** de Windows y, posteriormente, en Todos los programas>Microsoft Office>Microsoft Office Groove.

2. Se abrirá el Asistente para configuración de cuenta de Microsoft Groove.

3. Seleccionar la opción Crear una cuenta de Groove nueva para crear una cuenta por primera vez y hacer clic en **Siguiente**.

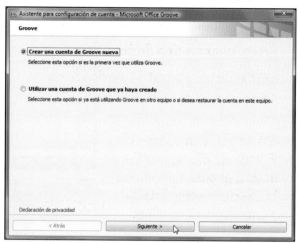

4. Seleccionar una opción de código de configuración y hacer clic en **Siguiente**.

5. Especificar la configuración de la cuenta y hacer clic en **Siguiente**.

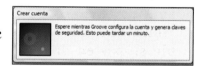

6. Se abre un cuadro de notificación que se cierra automáticamente al finalizar la tarea.

7. Seleccione una opción en Mostrar esta información y hacer clic en **Finalizar**.

8. Se abre un cuadro preguntando si se desea ver una película de demostración. Haga clic en la opción deseada.

Nota Al instalar Microsoft Groove, se abre un icono nuevo (🗔) en la barra de tareas de Windows desde donde se puede abrir el programa y seleccionar otras opciones de su menú contextual.

Crear un área de trabajo

Para crear un área de trabajo:

1. Abrir el programa haciendo clic con el botón derecho del ratón sobre su icono en la barra de tareas de Windows y seleccionando Barra de inicio.

2. Hacer clic en el enlace Nueva área de trabajo en la Barra de inicio.

3. Asignar un nombre al área de trabajo.

4. Seleccionar un tipo de área de trabajo.

5. Leer la descripción del tipo de área de trabajo seleccionado para ver detalles de su contenido y finalidad.

6. En la lista desplegable Plantillas, seleccionar Personalizar para seleccionar las herramientas iniciales para el área de trabajo.

7. Para ver otras opciones del área de trabajo, hacer clic en Opciones. El botón **Opciones** sólo está disponible si existen diversas identidades en la cuenta de Groove.

8. Seleccionar la versión de Groove que deben tener todos los invitados para unirse a esta área de trabajo.

9. Seleccionar la identidad que se desea utilizar en esta área de trabajo y hacer clic en **Aceptar**.

Groove crea el área de trabajo y le muestra como miembro inicial con la función de Administrador. Ahora puede personalizar los componentes del área de trabajo y enviar invitaciones al área de trabajo.

Invitar a otro usuario a un área de trabajo

Para invitar a otro usuario a un área de trabajo:

1. Abrir el área de trabajo.

2. Escribir el nombre o dirección de correo electrónico del destinatario en el cuadro Invitar al área de trabajo en el panel Miembros del área de trabajo.

3. Hacer clic en Más para ver más opciones de adición y búsqueda de destinatarios en el cuadro de diálogo Agregar destinatarios.

4. Hacer clic en **Ir** para abrir el cuadro de diálogo Enviar invitación.

5. Agregar texto al mensaje si se desea.

6. Hacer clic en **Invitar** para enviar la invitación.

7. Los invitados recibirán una invitación para entrar en el área de trabajo.

8. Hacer clic en el vínculo para entrar.

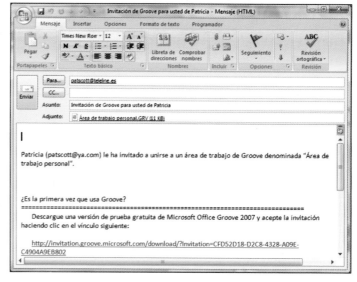

 Para invitar a diversos contactos y asignarles funciones diferentes, se deben enviar invitaciones diferentes por cada función.

Copiar una invitación al Portapapeles

Si se recibe un mensaje de error tras intentar enviar una invitación a una dirección de correo electrónico, aún se podrá enviar si se copia la invitación en el Portapapeles y, a continuación, se pega en el cliente de correo electrónico o sistema de mensajería elegido.

1. Sin cerrar la invitación de Groove, seleccionar Archivo>Copiar invitación en el Portapapeles.

2. Seleccionar la configuración de la invitación deseada y hacer clic en **Aceptar**.

 El mensaje pegado incluye el texto repetitivo estándar enviado a los destinatarios que incluye información sobre la descarga de Groove, así como un vínculo para aceptar la invitación.

Alertas de invitación

Cuando se envía una invitación, Groove informa sobre su progreso mediante alertas. Para establecer una alerta:

1. Hacer clic en Opciones>Establecer alertas>Área de trabajo.

2. Seleccionar la opción deseada y hacer clic en **Aceptar**.

En el caso de los destinatarios de correo electrónico, no se verán alertas de progreso hasta que los destinatarios abran el archivo adjunto.

Enviar por fax o correo electrónico

Para enviar un documento de Office por Fax:

1. Abrir el documento que se desea enviar por Fax.

2. Hacer clic en el **Botón de Office** y seleccionar Enviar> Fax de Internet.

3. Seguir las instrucciones.

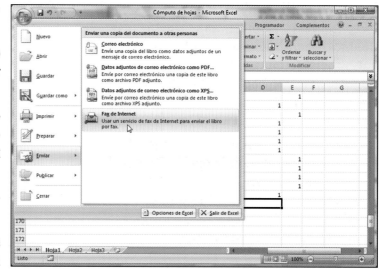

El menú Enviar ofrece varias alternativas para compartir archivos:

- **Correo electrónico:** Permite enviar un mensaje de correo cuyo contenido es un documento o un libro de Excel en un archivo adjunto.

- **Datos adjuntos de correo electrónico como PDF:** Envía por correo electrónico una copia del documento como archivo PDF adjunto.

- **Datos adjuntos de correo electrónico como XPS:** Envía por correo electrónico una copia del documento como archivo XPS adjunto.

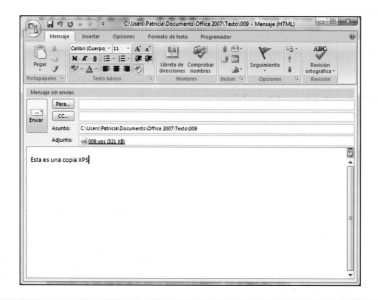

Information Rights Management

Information Rights Management es un cliente que es necesario instalar para definir los servicios de restricción y permisos. Su instalación se pedirá en el momento en que desee utilizar una de las opciones de permiso abriéndose el cuadro de diálogo Suscripción al servicio.

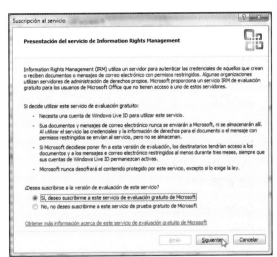

1. Al seleccionar una de las opciones de Restringir permiso de la opción Preparar en el menú del **Botón de Office**, se abre el cuadro de diálogo Suscripción al servicio de Information Rights Management para su suscripción, si no existe ninguna.

2. Seguir los pasos indicados por el asistente.

3. Tas finalizar la configuración del servicio, al seleccionar la opción indicada en el paso 1 se abrirá el cuadro de diálogo Permiso.

 Es necesario disponer de una cuenta .NET Passport para ejecutar este servicio y descargar un certificado de cuenta de Rights Management.

En el cuadro de diálogo Permiso:

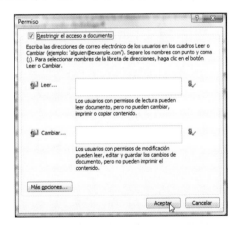

1. Activar Restringir el acceso a documento para configurar los permisos de acceso al documento.

2. Pulse los botones **Leer** o **Cambiar** para establecer permisos de lectura o edición, respectivamente.

3. Hacer clic en **Más opciones** para configurar opciones adicionales.

 Para administrar credenciales, seleccionar Administrar credenciales en la opción Restringir permiso de Preparar en el menú del botón **Inicio**.

Revisión

Word, Excel y PowerPoint incluyen la ficha **Revisar**, que permite comprobar de forma rápida las modificaciones y los comentarios que los revisores han introducido en un documento o en una hoja de cálculo para aceptarlos o rechazarlos. Por ejemplo, en Word:

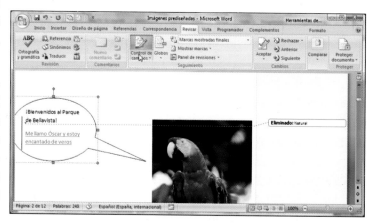

1. Seleccionar la ficha Revisar y hacer clic en el botón **Control de cambios** en el grupo Seguimiento para mostrar en el documento las marcas de revisión y los cambios introducidos.

2. Si hay comentarios o marcas de cambios registrados en el documento, aparecerán mostrados en el documento como globos o en un panel de revisión.

3. Hacer clic en los botones **Aceptar** o **Rechazar** en el grupo Cambios dentro de la ficha Revisar para aceptar o rechazar un cambio o un comentario.

Para activar o desactivar la marcación de cambios en un documento de Word, seleccionar la ficha Revisar y hacer clic en el botón **Control de cambios** en el grupo Seguimiento. Para combinar archivos y marcar sus diferencias:

1. Abrir un archivo en su aplicación correspondiente.

2. Hacer clic en el botón **Comparar** en el grupo Cambios de la ficha Revisar.

3. Seleccionar los archivos de origen y de destino.

4. Hacer clic en **Aceptar**.

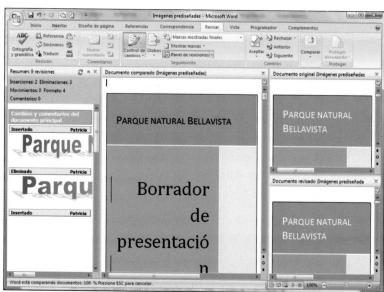

Arrastrar y colocar

El método Arrastrar y colocar textos, celdas y objetos se puede aplicar en todos los casos descritos a continuación:

- Dentro de un mismo archivo.

- De un archivo a otro del mismo tipo.

- Desde un archivo de una aplicación hasta un archivo de otra aplicación.

Para utilizar Arrastrar y colocar entre dos archivos, sean o no de la misma aplicación:

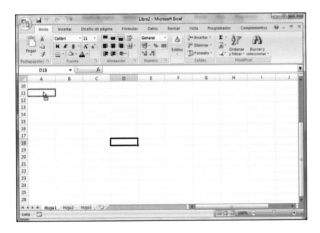

1. Abrir los archivos en los que se desea efectuar la operación en sus aplicaciones correspondientes.

2. Seleccionar el texto o el objeto que se desea arrastrar en el archivo de origen y pulsar el botón izquierdo del ratón.

3. Mantener pulsado el botón mientras se arrastra hasta el botón del icono del archivo que aparece en la barra de inicio de Windows.

4. Transcurridos unos instantes se abrirá la ventana de la aplicación de destino con el archivo donde se desea arrastrar la selección.

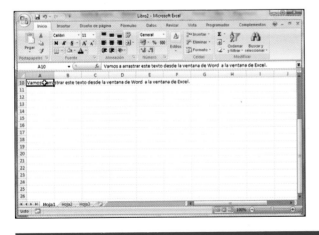

5. Continuar el arrastre hasta el punto en el que se habrá de insertar el elemento.

6. Soltar el botón izquierdo del ratón y seleccionar la opción que desee en el menú contextual.

Portapapeles de Office

Arrastrar y colocar tiene el mismo efecto que **Cortar** y **Pegar**, es decir, la información se elimina del origen y se copia en el destino. Para conservar la información en el origen se puede utilizar el Portapapeles:

1. Abrir el panel de tareas **Portapapeles** en todas las aplicaciones desde las que se desee recopilar datos para incluirlos en el Portapapeles haciendo clic en el iniciador del panel **Portapapeles** en la ficha Inicio.

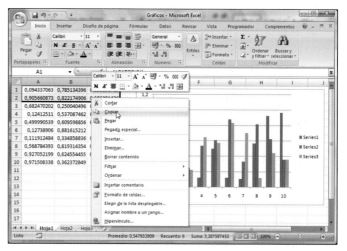

2. Seleccionar el texto, las celdas o los objetos que se deseen recopilar de un archivo.

3. Seleccionar **Copiar** del menú contextual o pulsar **Control-C**. La selección se incluirá en el Portapapeles. Repetir los pasos 2 y 3 en el resto de archivos.

4. Determinar la posición en la que pegar los datos en un archivo de destino.

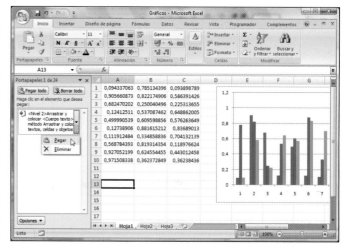

5. Hacer clic sobre el elemento del Portapapeles que se desee pegar.

6. Repetir los pasos 4 y 5 para continuar pegando elementos recopilados en el Portapapeles.

Se pueden recopilar hasta un total de 24 elementos. En cada elemento del portapapeles, un icono representa la aplicación de origen. Según su tipo, aparece también una porción del texto o una miniatura con su imagen.

Vincular un objeto

Los objetos vinculados tienen las características siguientes:

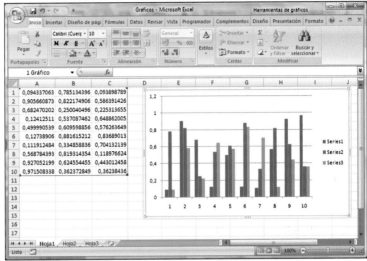

- Aunque se muestran en el archivo de destino, realmente no se incluyen físicamente en él, sino que permanecen en el archivo de origen. De esta forma el tamaño del archivo es considerablemente menor.

- El objeto vinculado se halla relacionado en todo momento con el origen. De esta forma, cualquier modificación del objeto en su origen se ve automáticamente reflejada en el objeto vinculado.

Para vincular un objeto:

1. Seleccionar y copiar la información deseada del archivo de origen.

2. Cambiar al archivo de destino y hacer clic donde se desee crear el vínculo. Hacer clic en la flecha del botón **Pegar** en la ficha Inicio.

3. Seleccionar la opción Pegar vínculo y elegir alguno de los formatos disponibles en la lista Como.

4. Hacer clic en **Aceptar**

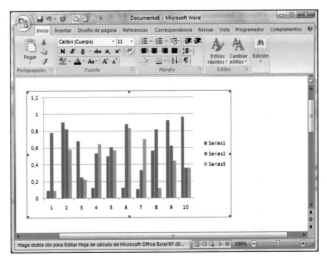

Incrustar un objeto

Los objetos incrustados tienen las características siguientes:

- El objeto incrustado pasa a ser parte integrante del archivo de destino, lo que puede aumentar considerablemente su tamaño.

- Al no mantenerse la conexión entre el objeto incrustado y su origen, al contrario de lo que ocurre con los objetos vinculados, las modificaciones del segundo no quedarán reflejadas en el primero.

Para incrustar un objeto:

1. Seleccionar y copiar la información deseada del archivo de origen.

2. Cambiar al archivo de destino y hacer clic donde se desee incrustar la información.

3. Hacer clic en la flecha del botón **Pegar** y seleccionar Pegado especial. En la lista Como elegir el formato que contenga la palabra "Objeto".

4. Hacer clic en **Aceptar**.

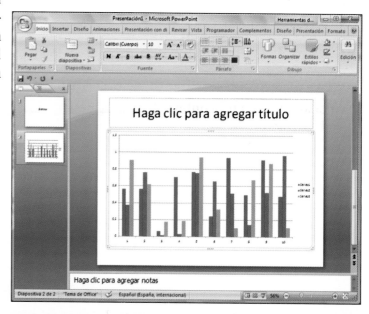

Insertar y trabajar con hipervínculos

Para insertar un hipervínculo:

1. Seleccionar el texto, celda u objeto al que se desea asignar el hipervínculo.

2. Seleccionar la ficha Insertar y hacer clic en el botón **Hipervínculo** o pulsar **Control-Alt-K**. Se mostrará el cuadro de diálogo Insertar hipervínculo.

3. Seleccionar las funciones deseadas, dependiendo de si se desea vincular a un archivo, a la Web, a una dirección de correo electrónico, etc. y completar la información requerida.

4. Hacer clic en **Aceptar**.

Para abrir un hipervínculo:

1. Hacer clic con el ratón cuando el puntero adopte la forma de una mano.

O bien:

1. Elegir la opción Abrir hipervínculo en el menú contextual asociado.

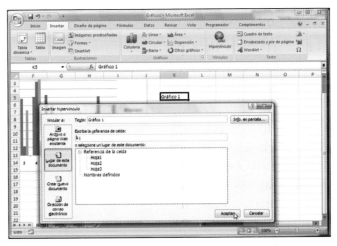

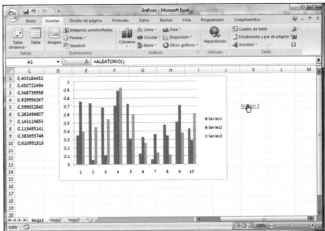

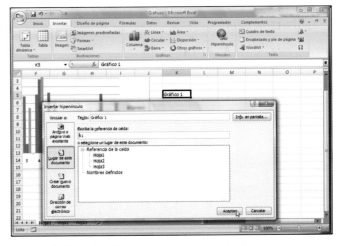

Insertar datos a partir de una referencia externa (URL o nombre de archivo XML)

Microsoft Office proporciona compatibilidad con XML (Lenguaje de marcado extensible) para las principales aplicaciones incluidas en este paquete; el lenguaje XML permite crear etiquetas personalizadas que ofrecen flexibilidad para organizar y presentar información.

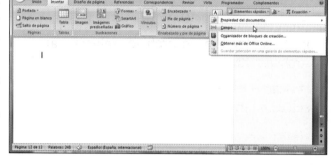

1. Colocar el punto de inserción en el lugar en el que se desee insertar los datos dentro de Microsoft Word.

2. En la ficha Insertar hacer clic en Elementos rápidos en el grupo Texto y seleccionar Campo.

3. En el cuadro Nombre de archivo o dirección URL, escribir el nombre del archivo, incluyendo la ruta del sistema o URL.

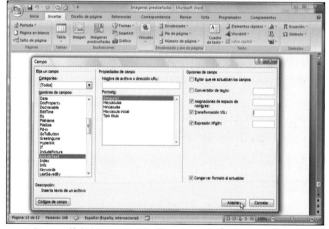

4. Activar la casilla de verificación Asignaciones de espacio de nombres y escribir un espacio de nombre con el formato xmlns:variable="espacio de nombre".

5. Para insertar sólo un fragmento de dato, activar la casilla de verificación Expresión XPath y escribir la expresión en el cuadro.

6. Para aplicar formato a los datos, activar la casilla de verificación Transformación XSL y escribir el nombre del archivo, incluyendo la ruta del sistema o URL.

7. Hacer clic en **Aceptar**.

En este cuadro de diálogo, hacer clic en Códigos de campo para mostrarlos. El botón **Opciones** abre el cuadro de diálogo Opciones de campo que permite editar los modificadores generales y específicos.

Insertar un archivo XML

Antes de seguir estos pasos, añadir la opción Insertar archivo a la barra de acceso rápido según lo explicado en el capítulo de Word. A continuación:

1. Colocar el punto de inserción en el lugar en el que se desee insertar el archivo.

2. Hacer clic en el botón **Insertar archivo** en la barra de acceso rápido.

3. En la flecha desplegable que se encuentra junto a Nombre de archivo, seleccionar Archivos XML.

4. Buscar el archivo que se desea insertar y seleccionarlo.

5. Hacer clic en **Insertar**.

Aplicar o quitar etiquetas XML

Para agregar etiquetas XML:

1. En el documento, resaltar el contenido que se desee etiquetar. Puede seleccionar el elemento que desee: una palabra, frase, párrafo, imagen, objetos, etc.

2. En el cuadro Elija un elemento para aplicarlo a la selección actual del panel de tareas Estructura XML, hacer clic en un elemento.

3. Si fuera necesario, especificar un atributo para el elemento.

Para quitar etiquetas XML:

1. En el panel de tareas Estructura XML, activar Mostrar las etiquetas XML del documento.

2. En el documento, situar el puntero sobre una etiqueta Inicio de Nombre de etiqueta o Fin de Nombre de etiqueta.

3. Hacer clic con el botón derecho y hacer clic en Quitar la etiqueta Nombre de etiqueta para quitar la etiqueta sin eliminar su contenido.

Es necesario seleccionar previamente un esquema XML desde la ficha Programador para poder realizar estas operaciones.

Abrir un archivo de datos XML

1. Hacer clic en el **Botón de Office**. Seleccionar Abrir.

2. Seleccionar la ubicación en al que se encuentre el archivo que se desea abrir.

3. Seleccionar el archivo y hacer clic en la flecha del botón **Abrir**. Se mostrarán las opciones disponibles.

4. Seleccionar una de las opciones siguientes:

   • Abrir como de sólo lectura.

   • Abrir como copia.

   • Abrir con transformación.

   • Abrir y reparar.

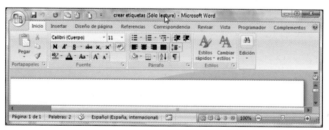

Se abrirá el documento con la opción seleccionada, que se mostrará en la barra de título.

Para trabajar con el documento XML, Office ofrece las siguientes opciones en la ficha Programador dentro del grupo **XML**:

• **Estructura:** Abre el panel de tareas Estructura XML.

• **Esquema:** Administra el esquema del documento o agrega uno nuevo.

• **Transformación:** Aplica un lenguaje de transformación basado en hojas de estilo (lenguaje XSLT) al documento.

• **Paquetes de expansión:** Administra los paquetes de expansión XML adjuntos.

Importar y exportar datos XML en Excel

1. En la ficha Datos de Excel, hacer clic en la flecha Obtener datos externos, hacer clic en la flecha De otras fuentes y seleccionar Desde importación de datos XML.

2. Se abrirá el cuadro de diálogo Seleccionar archivos de origen de datos.

3. Buscar el archivo a importar y hacer clic en **Abrir**.

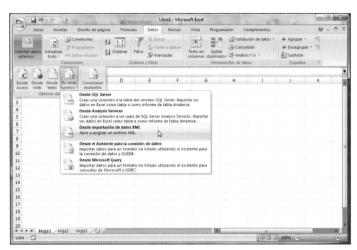

Exportar y guardar datos XML

Para exportar el contenido de un rango asignado en un archivo de datos XML:

1. En la ficha contextual Herramientas de tabla del documento que contiene los datos a exportar, hacer clic en la flecha **Exportar** del grupo Datos externos de tabla.

2. Seleccionar la opción deseada.

3. Seguir los pasos indicados y hacer clic en **Finalizar**.

 El cuadro de diálogo Exportar XML sólo se muestra si se ha agregado más de una asignación XML al libro.

Para guardar el contenido del libro activo como una hoja de cálculo XML, utilice el procedimiento habitual en el cuadro de diálogo Guardar como.

Crear páginas Web con Word

Para crear una página Web, además de utilizar los elementos habituales en un documento, como texto o imágenes, Word ofrece varios recursos adicionales:

- **Plantillas:** Si la página se basa en una plantilla Web, Word no permitirá utilizar aquellas funciones que luego no podrán mostrarse en el explorador.

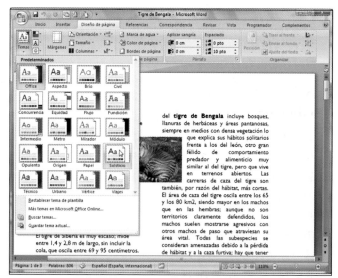

- **Temas:** Son un conjunto de diseños que dan uniformidad a la página o al sitio. Para elegir un tema, hacer clic en la flecha desplegable de **Temas** en el grupo **Temas** de la ficha **Diseño de página**.

- **Vínculos:** Esta opción, que se encuentra en la ficha **Insertar**, inserta vínculos para acceder rápidamente a otros lugares.

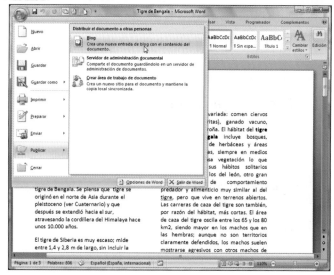

- **Blog:** Esta opción, que se encuentra en el menú del **Botón de Office**, dentro de la opción **Publicar**, crea una nueva entrada de Blog con el contenido del documento.

- **Crear área de trabajo de documento:** Crea un nuevo sitio para el documento y mantiene sincronizada la copia local. A esta opción puede acceder desde el menú del **Botón de Office**, dentro de la opción **Publicar**.

Nota Algunas funciones requieren publicar las páginas en un lugar que cuente con las extensiones de servidor de Microsoft.

Opciones Web

Las aplicaciones de Office ofrecen la posibilidad de guardar el documento como una página Web. Para guardar un documento como página Web:

1. Hacer clic en la flecha del botón Guardar como del **Botón de Office**.

2. Seleccionar Otros formatos.

3. En el cuadro de diálogo, seleccionar Página Web en Tipo.

4. Haga clic en la flecha del botón **Herramientas**. Seleccionar una de las siguientes opciones:

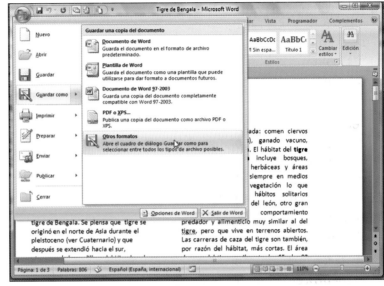

- Conectarse a una unidad de red.

- Opciones al guardar.

- Opciones generales.

- Opciones Web.

- Comprimir imágenes.

5. Configurar otras opciones del cuadro de diálogo.

6. Hacer clic en **Guardar**.

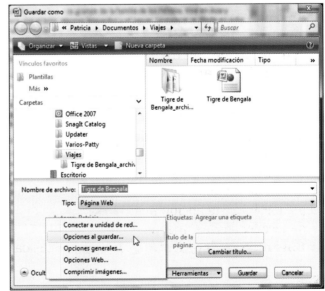

Ayuda de Office

Las aplicaciones de Office están diseñadas para aprovechar al máximo los recursos que ofrece Microsoft Online. La ventana de **Ayuda** de las aplicaciones de Office ofrece enlaces a Office Online para obtener ayuda, objetos de la galería multimedia, tutoriales, formación, etc. Para abrir la Web de Office Online:

1. Hacer clic en el botón **Ayuda** de la aplicación correspondiente.

2. Hacer clic en uno de los enlaces que aparecen en la parte inferior de la ventana:

   • Descargas.
   • Formación.
   • Plantillas.

3. Explorar el sitio Web de la aplicación en busca de la información deseada.

El sitio Web de Microsoft Office proporciona toda una serie de servicios e información de gran interés y utilidad para los usuarios del paquete Office 2007.

 Para ver estos enlaces, el equipo tiene que tener una conexión activa a Internet.

Office OneNote

Microsoft Office OneNote es una utilidad de Office System independiente del paquete Office 2007 que permite crear y administrar notas como si de un bloc de notas real se tratara. Las notas se pueden introducir mediante el teclado e incluso a mano si se utiliza en un Tablet PC. No es necesario guardar el trabajo en ningún momento ya que, al igual que ocurre con un bloc de notas normal, la información que se escriba, escrita estará. Asimismo, permite la grabación de comentarios y vincu-

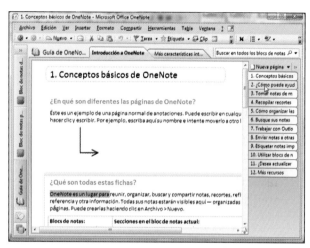

larlos de forma automática a nuestras anotaciones, con lo que resulta ideal para reuniones o conferencias, o cualquier otro evento al que asistamos.

Utilizar el bloc de notas de Office OneNote

Para tomar las notas deseadas basta con hacer clic en el icono del programa en la barra de tareas de Windows y escribir una nota.

Los distintos botones de la barra de herramientas proporcionan comandos para realizar diversas tareas.

Para ver una indicación del comando, situar el botón del ratón sobre el icono. Aparecerá una sugerencia en pantalla con el nombre del botón.

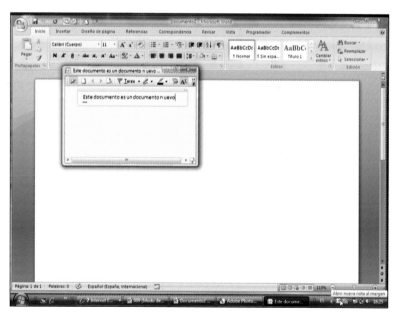

Insertar audio y vídeo

Office OneNote permite grabar audio mientras se toman notas. Al reproducir la grabación, se mostrarán las notas que se tomaron en un momento concreto de la grabación. Los archivos de audio se guardan en la carpeta Mi bloc de notas.

1. En la barra de herramientas del bloc de notas, hacer clic en icono del micrófono y seleccionar Grabar sólo audio.

2. Grabar el audio deseado.

3. Al terminar, hacer clic en **Detener**.

4. Aparecerá una nota de la grabación dentro de la propia nota de OneNote.

Para grabar vídeo:

1. En la barra de herramientas del bloc de notas, hacer clic en icono del micrófono y seleccionar Grabar vídeo.

2. Grabar el vídeo deseado.

3. Al terminar, hacer clic en **Detener**.

4. Aparecerá una nota de la grabación dentro de la propia nota de OneNote.

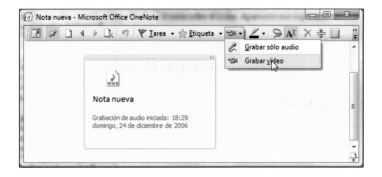

Agregar nuevos elementos

La barra de acceso rápido es un buen lugar para agregar comandos que se utilizan con frecuencia. Para ello:

1. Hacer clic en la flecha desplegable que se encuentra junto a la barra.

2. Seleccionar Más comandos.

3. En el cuadro de diálogo que se abre, seleccionar Todos los comandos en el cuadro Comandos disponibles en.

4. Seleccionar el comando que se desea agregar en el cuadro inferior izquierdo y hacer clic en **Agregar**.

5. Hacer clic en **Aceptar**.

6. El icono de la opción seleccionada aparecerá en la barra de acceso directo, lista para su uso.

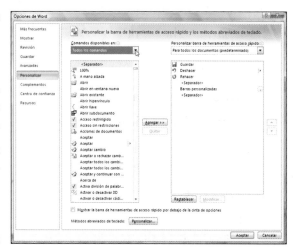

Cambiar la posición de la cinta de opciones

Para cambiar la posición de la cinta de opciones:

1. Hacer clic en la flecha desplegable que se encuentra junto a la barra de acceso directo.

2. Seleccionar Mostrar debajo de la cinta de opciones.

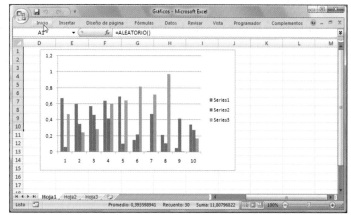

Para cerrar la cinta de opciones, hacer doble clic sobre una de las fichas. Para abrirla de nuevo, hacer doble clic de nuevo sobre uno de los nombres de la ficha.